接続表現の多義性に関する日韓対照研究

ひつじ研究叢書〈言語編〉

第129巻 コミュニケーションへの言語的接近 　　　　　　　　定延利之 著

第130巻 富山県方言の文法 　　　　　　　　　　　　　　　　小西いずみ 著

第131巻 日本語の活用現象 　　　　　　　　　　　　　　　　三原健一 著

第132巻 日英語の文法化と構文化 　　　　　　秋元実治・青木博史・前田満 編

第133巻 発話行為から見た日本語授受表現の歴史的研究 　　　　森勇太 著

第134巻 法生活空間におけるスペイン語の用法研究 　　　　　　堀田英夫 編

第135巻 ソシュール言語学の意味論的再検討 　　　　　　　　　松中完二 著

第136巻 インタラクションと学習 　　　　　　　　柳町智治・岡田みさを 編

第137巻 日韓対照研究によるハとガと無助詞 　　　　　　　　　金智賢 著

第138巻 判断のモダリティに関する日中対照研究 　　　　　　　王其莉 著

第139巻 語構成の文法的側面についての研究 　　　　　　　　　斎藤倫明 著

第140巻 現代日本語の使役文 　　　　　　　　　　　　　　　　早津恵美子 著

第141巻 韓国語citaと北海道方言ラサルと日本語ラレルの研究 　　円山拓子 著

第142巻 日本語史叙述の方法 　　　　　　　　　　　大木一夫・多門靖容 編

第143巻 相互行為における指示表現 　　　　　　　　　　　　　須賀あゆみ 著

第144巻 文論序説 　　　　　　　　　　　　　　　　　　　　　大木一夫 著

第145巻 日本語歴史統語論序説 　　　　　　　　　　　　　　　青木博史 著

第146巻 明治期における日本語文法研究史 　　　　　　　　　　服部隆 著

第147巻 所有表現と文法化 　　　　　　　　　　　　　　　　　今村泰也 著

第149巻 現代日本語の視点の研究 　　　　　　　　　　　　　　古賀悠太郎 著

第150巻 現代日本語と韓国語における条件表現の対照研究 　　　金智賢 著

第151巻 多人数会話におけるジェスチャーの同期 　　　　　　　城綾実 著

第152巻 日本語語彙的複合動詞の意味と体系 　　　　　陳奕廷・松本曜 著

第153巻 現代日本語における分析的な構造をもつ派生動詞 　　　迫田幸栄 著

第154巻 「主題－解説」構造から見た韓国語-n kes-itaと日本語ノダ 　　李英蘭 著

第155巻 接続表現の多義性に関する日韓対照研究 　　　　　　　池玟京 著

ひつじ研究叢書
〈言語編〉
第155巻

接続表現の多義性に関する日韓対照研究

池玟京 著

ひつじ書房

目　次

序章 　　　　　　　　　　　　　　　　　　　　　　　　　I

　　1.　本書の目的　　　　　　　　　　　　　　　　　　I

　　2.　本書の構成と概観　　　　　　　　　　　　　　　2

第1章　韓国語の neunde と日本語の kedo　　　　　　　　5

　　1.　形態的特徴　　　　　　　　　　　　　　　　　　5

　　　1.1　neunde　　　　　　　　　　　　　　　　　　　5

　　　1.2　kedo　　　　　　　　　　　　　　　　　　　　8

　　2.　用法分類　　　　　　　　　　　　　　　　　　　9

　　　2.1　neunde の先行研究　　　　　　　　　　　　　9

　　　2.2　kedo の先行研究　　　　　　　　　　　　　　I5

　　3.　本書の立場　　　　　　　　　　　　　　　　　　20

　　　3.1　問題点　　　　　　　　　　　　　　　　　　　20

　　　3.2　考察対象と方法　　　　　　　　　　　　　　　2I

第2章　分類基準　　　　　　　　　　　　　　　　　　　29

　　1.　前提の有無　　　　　　　　　　　　　　　　　　30

　　2.　前提との一致　　　　　　　　　　　　　　　　　33

　　3.　対立　　　　　　　　　　　　　　　　　　　　　38

　　4.　前件命題の希薄化　　　　　　　　　　　　　　　40

　　5.　本章のまとめ　　　　　　　　　　　　　　　　　42

第3章　neunde の解釈　　　　　　　　　　　　　　　　45

　　1.　ケース分け　　　　　　　　　　　　　　　　　　45

　　2.　ケースの特徴　　　　　　　　　　　　　　　　　47

　　　2.1　ケース1　　　　　　　　　　　　　　　　　　47

　　　2.2　ケース2　　　　　　　　　　　　　　　　　　54

　　　2.3　ケース3　　　　　　　　　　　　　　　　　　6I

　　　2.4　ケース4　　　　　　　　　　　　　　　　　　66

v

2.5 ケース5	70
2.6 まとめ	73
3. ケースの分布	74
3.1 全体の分布	74
3.2 テキストの種類による分布	75
4. 本章のまとめ	77

第4章　kedo の解釈　　83

1. ケース分け	84
2. ケースの特徴	86
2.1 ケース2	86
2.2 ケース3	93
2.3 ケース4	97
2.4 ケース5	98
2.5 まとめ	100
3. ノダとの共起	101
4. ケースの分布	107
4.1 全体の分布	107
4.2 テキストの種類による分布	110
5. 本章のまとめ	112

第5章　neunde と kedo の類似表現　　117

1. jiman	118
1.1 jiman の先行研究	119
1.2 jiman のケース分けと分布	121
1.3 neunde と jiman の比較	126
2. ga	130
2.1 ga の先行研究	130
2.2 ga のケース分けと分布	131
2.3 kedo と ga の比較	134
3. noni	137
3.1 noni の先行研究	138
3.2 noni のケース分けと分布	138
3.3 kedo と noni の比較	140
4. 本章のまとめ	142

第6章　接続表現の多義性　　145

1. 接続範囲　　145
2. 接続表現における多義性　　151
3. 本章のまとめ　　153

終章　　155

1. 全体の要約　　155
   1.1　複文分類基準の確立　　155
   1.2　neunde と kedo の異同　　156
   1.3　類似表現の分析　　158
   1.4　各形式の接続範囲と機能　　159
2. 課題と展望　　161

参考文献　　165
索　引　　173

序章

1．本書の目的

　本書は現代韓国語の接続表現である「는데 neunde」の使い分け
を明らかにし、対応表現とされる日本語のケドや類似表現との関係
を記述することを目的とする＊1。これまでの韓国語の複文研究は、
接続表現全体を対象に意味的に類似した形式同士に分類するものが
多かった。個別の接続表現を取り上げた研究でも、その定義や示さ
れた用法と、実際の用例との接点が見えない場合がしばしば見られ
る。

　とりわけ neunde は一つの用法のみではなく、様々な使い方がさ
れる。そのため、全貌を把握することは難しいが、細かい分析と下
位分類が必要な表現である。例えば、次の二つの文はどのように捉
えれば良いのだろうか。

(1) 비가 오는데 우산을 씁시다. （雨が降っているから傘を差しま
　　しょう。）

　　bi-ga o-neunde usan-eul sseu-bsida

　　雨 - が 降る - ［neunde］傘 - を 差す - ［勧誘］

(2) 비가 오는데 우산을 안 쓴다. （雨が降っているけど傘を差さな
　　い。）

　　bi-ga o-neunde usan-eul an sseu-nda

　　雨 - が 降る - ［neunde］傘 - を ［否定］差す - ［平叙］

上記の2例は同じ接続表現が使われているが、接続する事態関係が
正反対のように見える。このような特徴から neunde はその用法が
広いと言われるが、具体的にどのような使い分けがあり、使い分け
の基準となるものは何だろうか。接続範囲が広いからこそ、実際の
データから傾向を調べた上で詳細を記述する、実証的な考察が求め

られる。また、複数の用法間の関係を示すことも重要である。異なる用法が同じ接続表現によって接続されることには、必ず理由があるはずで、用法間の関連性や共通の機能があると思われる。

次に、neunde は日本語の対応表現との問題がある。韓国語学習書で neunde は kedo や ga に対応するものとして提示されるが、kedo や ga では訳せず他の形式が必要になることもある。neunde と kedo の接続範囲は本当に一致するのか、類似点と相違点を明確にした研究は今までなかった。一方、日本語の中では kedo と ga の問題があり、従来の研究では両形式を同じものと見なす傾向が強かった。文体的な違いは言及されることがあっても、その下位分類の異同については明らかにされていない。このように両者の関係は検証されていないまま、同じものとして扱われてきたが、kedo と ga の主な用法と使用場面においては違いがあると予想される。

そこで、本書では韓国語の neunde を対象にその使い分けと接続する範囲を考察し、日本語の対応表現とされる kedo との異同について調べる。また、jiman や ga、及び noni など関連表現を含め、それぞれの使い分けと機能を調べた上で、比較、対照することにする。さらに、今回の考察においては、共通の分類基準を定めることによって、各形式の全用例を同じ条件で分析することを試みる。このような視点に立ち、接続表現 neunde と kedo の統一的な記述を進め、それぞれの機能を探ってみる。

2. 本書の構成と概観

本書は次のように構成されている。まず、「第1章　韓国語の neunde と日本語の kedo」では、1節で両形式の形態的特徴を、2節でこれまでの主な研究の成果を確認する。そこでなされている意味・用法分類と実際の例を合わせながら、説明できない部分を整理し、改善の可能性を考えてみる。3節では先行研究の問題点をまとめ、それを解決するために、どのように分析を進めていくか考える。

「第2章　分類基準」では、neunde の用例分析で見い出された、最も重要な要素を四つ取り上げて説明する。この四項目を neunde

の分類基準とすることで、全ての用例を同じ条件で分析し、分かれた用例グループ間の関係も把握できると期待される。

　この分類基準でneundeを考察した結果を「第3章　neundeの解釈」で述べる。まず、1節ではneundeの分析で明らかになった分類基準の階層性を示し、その分類基準で分かれた用例をケースとして提示する。2節ではneundeのケース1から5までの詳細を、3節では各ケースの分布について調べた結果をまとめる。

　このような考察の中で、非常に多様な使い分けがあるneundeの分類基準なら、他の形式にも利用可能性があるという予測ができる。そこで、第一にneundeの日本語対応表現とされるkedoにおける分類基準の有効性を検証し、「第4章　kedoの解釈」でその結果を述べる。1節ではneundeとkedoの接続する範囲を比べ、2節ではkedoの各ケースの詳細を考察する。さらに、3節ではkedoとノダとの共起による差異を明らかにし、4節で各ケースの分布を提示する。

　分類基準の最終検証として、「第5章　neundeとkedoの類似表現」ではneundeとkedoの類似表現を考察する。1節ではneundeの類似表現jimanを、2節と3節ではkedoの類似表現gaとnoniを分析し、互いの類似点と相違点を探ってみる。

　これらの内容をまとめ、「第6章　接続表現の多義性」では事態の流れという観点を新たに導入する。1節では各形式の接続範囲を事態の流れを再び取り上げ、事態の流れで捉えてみる。2節ではその中で見えてくる接続表現の多義性について述べる。それによって、形式間の異同が明らかになり、複文全体における位置づけができると思われる。

　最後に終章では全体の考察内容を振り返り、残されている問題を確認した上で今後の研究について展望する。

＊1　本書は考察の対象となる表現を基本的にローマ字で表記する。「는데 neunde」、「ㄴ데 nde」及び「은데 eunde」の異形態が存在するが、全てを代表

序章　　3

する形として「neunde」を用いる。また、日本語についてもケレドモ、ケレド、ケドモを含め「kedo」と表記する。その詳しい理由については後ほど第1章で述べることにする。また、韓国語のローマ字表記は「国語のローマ字表記法（文化観光部告示第2000–8号、2000. 7. 7.）」に従っており、形態素単位をハイフンで表示している。

※本書は、博士論文「接続表現の多義性に関する日韓対照研究：neunde と kedo を中心に」（2017年、東京大学）に加筆修正を行ったものである。また、刊行にあたり、東京大学学術成果刊行助成制度による助成を受けた。

第 1 章

韓国語の neunde と日本語の kedo

1. 形態的特徴

　neunde と kedo の具体的な考察の前に両形式の形態的特徴を確認しておく必要がある。neunde はいくつかの異形態を持っており、前接する述語によって使い分けられる。また、kedo は相補分布が見られる異形態ではないが、類似した形式が複数あり、用例を抽出する際に注意が必要である。具体的な分析方法を決めるために、ここでは両形式の形態的特徴を確認し、限られたデータの中で両形式の用例を漏れなく抽出する方法を考えてみる。

1.1　neunde

　韓国語の neunde は述語の種類によって三つの形態が使い分けられる。韓国国立国語院（以下、国立国語院）（2005: 238–240）は neunde を動詞や「있다 issda」、「없다 eobsda」、「았/었 ass/eoss」に連接する接続語尾であるとしている*1。下の（1）から（6）の例は、述語の種類とテンスによる neunde の形態を表している。

（1）눈이 {a. 오는데/b. 왔는데/c. 오겠는데} 전철 타고 갑시다.

　　　nun-i {a.o-neunde/b.w-ass-neunde/c.o-gess-neunde} jeoncheol ta-go ga-bsida.

　　　雪-が {a. 来る-［neunde］/b. 来る-［過去］-［neunde］/c. 来る-［未来］-［neunde］} 電車 乗る-［接続］行く-［勧誘］

　　　雪が {a. 降っているから/b. 降ったから/c. 降るから} 電車に乗って行きましょう。

（2）오전에는 수업이 {a. 있는데/b. 있었는데} 오후에는 없다.

　　　ojeon-e-neun sueob-i {a.iss-neunde/b.iss-eoss-neunde} ohu-e-neun eobda.

午前 - に - は　授業 - が {a. ある - [neunde] /b. ある - [過去] -
[neunde]} 午後 - に - は ない

午前は授業が {a. あるけど /b. あったけど}、午後はない。

（1）は動詞、（2）は存在詞「있다 issda」が述語である。a は現在
形であり、b は過去の「았 / 었 ass/eoss」を伴っている。（1）c は未
来の「겠 gess」が共起しているが、全て「는데 neunde」の形が用
いられている＊2。ここから動詞と存在詞は述語のテンスに関係な
く、常に「는데 neunde」の形態と連接すると言える。一方、形容
詞と「이다 ida」の連接する形態は語幹の性質とテンスによって異
なる。

（3）상자가 {a. 큰데 /b. 작은데} 물건이 많이 들어 있다.

sangja-ga {a.keu-nde/b.jag-eunde} mulgeon-i manhi deul-eo iss-da

箱 - が {a. 大きい - [neunde] /b. 小さい - [neunde]} 物 - が たくさん
入る - [連用] いる

箱が {a. 大きいけど /b. 小さいけど}、物がたくさん入って
いる。

（4）상자가 {a. 컸는데 /b. 작았는데} 물건이 많이 들어 있었다.

sangja-ga {a.ke-oss-neunde/b.jag-ass-neunde} mulgeon-i manhi
deul-eo iss-eoss-da

箱 - が {a. 大きい - [過去] - [neunde] /b. 小さい - [過去] -
[neunde]} 物 - が たくさん 入る - [連用] いる - [過去] - [平叙]

箱が {a. 大きかったけど /b. 小さかったけど}、物がたくさ
ん入っていた。

（5）매운 {a. 음식인데 /b. 김치인데} 잘 먹는다＊3.

meun {a.eumsig-i-nde/b.gimchi-i-nde} jal meog-neun-da

辛い {a. 食べ物 - だ - [neunde] /b. キムチ - だ - [neunde]} よく 食べ
る - [現在] - [平叙]

辛い {a. 食べ物だけど /b. キムチだけど}、よく食べる。

（6）매운 {a. 음식이었는데 /b. 김치였는데} 잘 먹었다

meun {a.eumsig-i-eoss-neunde/b.gimchi-y-eoss-neunde} jal meog-eoss-da

辛い {a. 食べ物 - だ - [過去] - [neunde] /b. キムチ - だ - [過去]
- [neunde]} よく 食べる - [過去] - [平叙]

6

辛い {a. 食べ物だったけど /b. キムチだったけど}、よく食べた。

（3）と（4）は形容詞述語の例文である。（3）a は述語の語幹末音が母音であるため「ㄴ데 nde」、（3）b は述語の語幹末音が子音であるため「은데 eunde」の形になっている。このように、形容詞の現在は語幹末音によって形が異なるが、過去になるとその区別はなくなり、（4）のようにどちらも「는데 neunde」と連接する。一方、（5）と（6）はコピュラ形式「이다 ida」が述語である *4。現在は（5）のように「이다 ida」と「ㄴ데 nde」が結合した「인데 inde」が常に使われるが、過去は（6）のように子音終わりの名詞には「이었는데 ieossneunde」（（6）a）、母音終わりの名詞には「였는데 yeossneunde」（（6）b）が連接する *5。しかし、「이었 ieoss」と「였 yeoss」の区別は、neunde ではなく「이다 ida」と過去の「았/었 ass/eoss」の結合によって生じるものであり、過去になると「는데 neunde」の形が用いられる点は他の述語と同じである。このように、neunde に述語の種類やテンスによる制約は特にないが、丁寧体語尾の使用には制限がある。

（7）（1）を操作

눈이 {a. *옵니다는데 /b. *와요는데} 전철 타고 갑시다 .*6

nun-i {a.o-bnida-neunde/b.w-ayo-neunde} jeoncheol ta-go ga-bsida.

雪-が {a/b. 来る -［丁寧］-［neunde］} 電車 乗る -［接続］行く -［勧誘］

雪が 降っていますから 電車に乗って行きましょう。

（7）の a と b は前述した（1）の前件述部を変えたものである。しかし、どちらも丁寧体述語との連接は不可能で非文となり、それは neunde が用言の活用に関係する語尾であることに起因する。neunde は接続語尾であり、文末語尾が位置する場所に現れることで複文を作る。そのため、他の文末語尾と共起することはできず、語幹や先語末語尾に連接することになる。つまり、neunde はそれ自体が語尾であり、丁寧体との結合はできないのである。これが kedo との最も根本的な違いかもしれない。以上、韓国語の neunde は述語の種類やテンスの制約はないが、丁寧体語尾には結合できないことが分かった。ここまで述べた neunde の異形態について以下

第 1 章　韓国語の neunde と日本語の kedo　　7

の表にまとめ、次節では kedo の形態的情報について述べる。

表 1　neunde の異形態

	動詞・存在詞	形容詞		指定詞
		子音終わり語幹	母音終わり語幹	
現在	는데 neunde	은데 eunde	ㄴ데 nde	ㄴ데 nde
過去・未来	는데 neunde			

1.2　kedo

日本語の kedo も neunde と同じく、非常に広範囲の接続を行う。まず、kedo に連接する述語の種類と形態について見てみよう。

(8) 今週 {a. 引っ越すけど /b. 引っ越したけど}、部屋があまり気に入らない。

(9) 気になる部屋が {a. あるけど /b. あったけど}、もう一度見に行きたい。

(10) この部屋は夏は {a. 暑いけど /b. 暑かったけど}、冬は寒い。

(11) この部屋は {a. 綺麗だけど /b. 綺麗だったけど}、狭い。

(12) 北向き {a. だけど /b. だったけど}、日当たりが良い。

上記の例はそれぞれ述語の種類が異なる。(8) は動詞が述語で、(9) は「ある」、(10) はイ形容詞、(11) はナ形容詞、(12) は名詞述語がケドと連接している*7。neunde が述語の種類によって、三つの異形態で使い分けられる反面、kedo は述語の種類が kedo の形態に影響することはない。また、(7) から (11) の a は非過去形、b は過去形だが、テンスによる変化はないことが分かる。しかし、前述したように、kedo はケド、ケレド、ケレドモ、ケドモという複数の形で現れ、下記のように三つの形態を置き換えることができる*8。

(13) 今週引っ越す {a. けど /b. けれど /c. けれども /d. けども}、部屋が気に入らない。

(14) 気になる部屋がある {a. けど /b. けれど /c. けれども /d. けども}、もう一度見たい。

(15) この部屋は夏は暑い {a. けど /b. けれど /c. けれども /d. けど

も}、冬は寒い。

(16) この部屋は綺麗だ {a. けど /b. けれど /c. けれども /d. けども}、
狭い。

(17) 北向きだ {a. けど /b. けれど /c. けれども /d. けども}、日当
たりが良い。

(13) から（17）で見られるように、述語の種類に関係なく、ケ
ド、ケレド、ケレドモ、ケドモは置き換えることができる。また、
述語は普通体と丁寧体のどちらも使用可能であることが以下の例で
分かる。

(18) この部屋は綺麗ですけど、狭いです。

(19) 北向きですけど日当たりが良いです。

(18) と（19）は、（16）と（17）に操作を加え、前件と後件の述
語を全て丁寧体に変えたものである。どちらも丁寧度以外の面では
意味の差が生じない。もちろん、ニュアンスや文体的自然さなどは
変わるかもしれないが、後件の述語を同じ丁寧体に揃えれば、前件
を丁寧体にしても支障ない。逆に、元々丁寧体になっている述語を
普通体にしても、特に問題はないと思われる。

このように、kedo は述語の種類による形態の変化はなく、テン
スの制約もない。普通体と丁寧体の選択は自由で、述語の種類によ
る影響は neunde に比べ少ないように思われる。ケド、ケレド、ケ
レドモ、ケドモと複数の形態が存在するため、用例の抽出の際には
注意が必要であるが、前述したように相互に置き換えができる。こ
のような事情があるが、便宜上これらをまとめて kedo という表記
を用いる *9。以上の形態的特徴を持つ neunde と kedo を、先行研
究ではどのように分析するかについて次節で詳しく述べる。

2. 用法分類

2.1 neunde の先行研究

韓国語の複文の研究は、接続表現全体の中で個別表現を位置づけ
たり、類似表現を分類する研究が多かった。そのため、個別の表現
を取り上げその振る舞いを調べた研究は多くないが、韓国語学習者

向けの文型辞典類は個別表現の用法分類を載せている。中でも国立国語院（2005）は、分類とそれに該当する例を豊富に与えている。国立国語院（2005: 238–240）は見出し「‐는데 1」を「伝えようとする内容と関連したり対立する状況を、予め提示する時に使われる語尾」として定義した。その上で、neunde の用法を四種類に分け、以下の例を挙げている。

(20) 부탁이 있는데 좀 들어 주시겠습니까 ? *10

butag-i iss-neunde jom deul-eo ju-si-gess-seubnikka

お願い - がある - [neunde] ちょっと 受け入れる - [連用] くれる - [尊敬] - [意志] - [疑問]

お願いがありますが、受け入れてもらえませんか？

(21) 지난 주에 큰 교통 사고가 일어났는데 그 사고로 30 여 명이 부상했다.

jinan ju-e keu-n gyotong sago-ga ileona-ss-neunde geu sago-lo 30yeo myeong-i busangha-ess-da

過ぎた 週 - に 大きい - [連体] 交通 事故 - が 起きる - [過去] - [neunde] その 事故 - で 30余 名 - が 怪我する - [過去] - [平叙]

先週、大きな交通事故があり、その事故で 30 人余りが怪我をした。

(22) 비가 오는데 우산 하나 삽시다.

bi-ga o-neunde usan hana sa-bsida

雨 - が 来る - [neunde] 傘 一つ 買う - [勧誘]

雨が降っているから傘を一つ買いましょう。

(23) 그 사람은 밥을 잘 먹는데 동생은 안 그래.

geu salam-eun bab-eul jal meog-neunde dongsaeng-eun an geulae

その 人 - は ご飯 - を よく 食べる - [neunde] 弟/妹 - は [否定] そうだ

その人はご飯を良く食べるけど、弟/妹は食べない。

(24) 공부는 열심히 했는데 시험을 잘 못 봤다.

gongbu-neun yeolsimhi ha-ess-neunde siheom-eul jal mos bw-ass-da

勉強 - は 一生懸命 にする - [過去] - [neunde] 試験 - を よく [不可能] 見る - [過去] - [平叙]

勉強は一生懸命したけど、試験があまりできなかった。

まず、一つ目の用法は「提案、命令、質問の前に行われる背景や状況の提示」で、（20）の例がそれに該当する。二番目は「事実の紹介、具体的な内容展開のための状況提示」で、（21）の例を挙げている。ところが、状況の提示という説明が両方に繰り返されており、（20）と（21）の違いについては具体的に言及されていない。三番目は「理由や根拠の提示」で（22）が該当する。四番目は「反対の結果や状況の羅列」で、（23）と（24）が同じ分類になっている。しかし、単純に相違点が並べられている（23）と、予想した結果が起きなかったことを述べている（24）が同じ用法にされて良いのか再考の必要がある。

　一方、Seo, Jeongsu（2006: 1163–1168）は neunde を状況接続素（situation conjunctor）として定義している。以下の例を挙げながら、neunde は文脈的状況を整え、後件の説明や主張が効果的に受け入れられるようにすると述べている。

(25) 여기 두 사람이 있<u>는데</u> 하나는 내 형이고 하나는 동생이야＊11.

　　 yeogi du salam-i iss-<u>neunde</u> hana-neun nae hyeong-i-go hana-neun

　　 dongsaeng-iya

　　 ここ 二 人 - が いる - ［<u>neunde</u>］ 一人 - は 私の 兄 - だ - ［連用］ 一人 - は
　　 弟 - だ

　　 ここに二人がいる<u>けど</u>、一人は私の兄でもう一人は弟だ。

(26) 물건은 좋<u>은데</u> 값이 비싸다.

　　 mulgeon-eun joh-<u>eunde</u> gabs-i bissa-da

　　 物 - は 良い - ［<u>neunde</u>］ 値段 - が 高い - ［平叙］

　　 物は良い<u>が</u>値段が高い。

(27) 다들 떠나<u>는데</u> 우리도 가자.

　　 da-deul tteona-<u>neunde</u> uli-do ga-ja

　　 皆 - ［複数］ 去る - ［<u>neunde</u>］ 私たち - も 行く - ［勧誘］

　　 皆行く<u>から</u>私たちも行こう。

(28) 그 사람이 똑똑하기는 <u>한데</u>…

　　 geu salam-i ttogttogha-gi-neun ha-<u>nde</u>

　　 その 人 - が 賢い - ［名詞化］ - は する - ［<u>neunde</u>］

　　 その人は頭はいい<u>のに</u>…

まず、（25）のような例は「説明状況」であるとし、後件で述べる内容を導入すると述べている＊12。前件の主語は新情報、後件の主語は旧情報に限定されると主張しているが、例によってはどちらも新情報の場合もあった。二番目の「対照状況」は前後件の叙述内容が対比されるもので、（26）が例に挙がっている＊13。いわゆる対比の例のみを「対照」としており、譲歩の意味が「-는데도neundedo」でより強くなるとしているが、対比と譲歩は分けて考えるべきではないだろうか。三番目に「指示・提案の状況」を分け、（27）のような例で前件が根拠になるとしている。最後の「含蓄状況」は後件が省略されている。（28）がその例として挙がっているが、元の文で後件はどのような内容だったのか、そもそも後件は存在したのかどうか分からない。復元できる後件の省略なら「含蓄」と言えるか、復元不可能なら終結語尾としての使い方がされていると考えられる。その場合、接続語尾 neunde の用法とは分けて考察をすべきだと思われる。以上の二つの研究を比較してみると次の表のようにまとめられる。

表2　neunde の分類：国立国語院（2005）と Seo（2006）

国立国語院（2005）		Seo, Jeongsu（2006）
事実の紹介と内容展開前の導入	（21）	説明状況（25）
反対の結果や状況	（23）（24）	対照状況（26）
提案、命令、質問の前の背景	（20）	指示/提案状況（27）
理由や根拠の提示	（22）	
		含蓄状況（28）

　どちらも neunde の用法を四種類に分けており、共通する部分と異なる部分がある。両者における分類の異同と問題点を含め、注目すべき点を四つ挙げる。第一に、国立国語院（2005）の「内容展開前の導入」は、Seo（2006）の「説明状況」に類似している。第二に、両者ともに対立が見られる用例を「反対」と「対照」としているが、単なる異質性の比較と、予想される事態との不一致は対比される項目が異なる。後者の場合、後件と関わるのは前件の事態そのものではなく、そこから予想される結果事態であるため、前後件

の単純な対比とは分けて考えるべきである。第三に、後件で提案や命令など聞き手に働きかける場面を両者とも取り上げているが、国立国語院（2005）はこれを二つに分けている。依頼行為の前置きになる（20）と、発話行為の理由になる（22）を、異なるものと見ているためである。後件に働きかけ性がある点は同じだが、（22）の前件は後件の発話を引き起こす直接的な原因という点で、（20）とは異なると言えるかもしれない。

　このように用法分類を中心とする研究の最も大きな問題点は、全ての用例が説明できるわけではないことと、分類の曖昧性である。どちらにも入りそうな用例がしばしば登場し、分類間の関係についても言及されていない。分類の間にはっきりした境界があるのか、あるいは連続的なものとして見るのかによって、その解釈は大きく変わるはずである。そのため、分類そのものをどのように捉えるかは重要である。そして、もう一つの問題点は分類間の意味的関連性が非常に分かりにくいことである。全ての用法がばらばらに存在するだけでは、同一形式が用いられる理由が示されない。このような問題点を意識した総合的説明の試みが、語用論の研究を中心に行われた。

　Lee, Gidong（1979）は neunde の研究に語用論の考え方を初めて導入し、それ以降の研究に大きな影響を与えた。それによれば、コミュニケーションの目的は新しい情報の伝達であり、古い情報が手掛かりになるため、認識対象の一致が必要になる。そこで、接続語尾 neunde が「背景設定素」として働くというのが主な主張である。この指摘はコミュニケーション全体を考慮し、その効率性を上げる装置として neunde を捉えた、非常に重要な指摘だと思われる。しかし、前件を背景、後件を前景にすることによって、前件がより広範囲の意味内容を含まなければいけないことが含意されてしまう。また、（29）のように判断が難しい例も多い。

(29)도쿄는 일본 제 1 의 도시인데 주변으로는 가나가와, 치바, 사이타마 등이 둘러싸고 있다*14.

　　dokyo-neun ilbon je 1-ui dosi-i-nde jubyeon-eulo-neun ganagawa

　　chiba saitama deung-i dulleossa-go-issda

東京 - は 日本 第 1 - の 都市 - だ - [neunde] 周辺 - で - は 神奈川 千葉
埼玉 等 - が　取り囲む - [連用] - いる

東京は日本の第一都市であるが、その周辺を神奈川、千葉、
埼玉などが取り囲んでいる。

　Kim, Yongseok（1981）は Lee（1979）の影響を受けたが、
neunde を「状況提示語」と定義し直し、反対、理由、根拠、説明
などで解釈されると述べた。Lee, Changdeok（1994）はこのよう
な議論をさらに発展させ、談話における neunde の機能を考察した。
談話は参加者が持っている知識の上に成り立ち、展開過程では既存
知識による予想や期待が生じるが、そこから外れることを発見する
と情報性が上昇すると言う。そこで、neunde による「状況の点検
（situation monitoring）」が行われるという主張である。しかし、
neunde を不一致、不連続性の解消に限定したため、反対、対比と
呼ばれる用法以外は説明ができないこと、「状況の点検」の概念が
曖昧であることが問題になる。このように、語用論的観点の研究は、
用法分類を越えた総合的説明を試み、談話における neunde の機能
を探る流れで進められてきた。ところが、示された neunde の機能
と既存の用例分類との接点は見られず、実際の使い分けに関する記
述が十分になされていない。

　それ以降、Noh, Eunju（2008）は Sperber&Wilson（1995）が
提唱した関連性理論（Relevance Theory）を取り入れ、より具体
的に neunde の機能を提示した*15。関連性理論の中でも、
Blakemore（1987）は接続詞を多く取扱い、意味には真理条件的
である概念的意味（conceptual meaning）と、解釈過程をコント
ロールする手続き的意味（procedural meaning）があるとした。
Noh（2008）はそれを引用し、neunde は概念的意味ではなく手続
き的意味を持っており、前件と後件を別のセグメントとして処理す
るよう聞き手を誘導すると説明した。従来行われてきた関連性理論
の研究は、英語の接続詞を取り上げたものが多く、その概念を韓国
語の接続語尾に適用したことは今後の研究に影響を与えると思われ
る。

　しかし、その説明についてはいくつか疑問が残る。まず、別のセ

グメントとして処理することは、neunde の前件と後件を分離し、単文にするということである。この説明に従えば、neunde 複文と単文の連続には同じ解釈過程が想定され、neunde による特別な意味合いや効果もなく、労力を掛けるばかりになってしまう。むしろ、最初から neunde を使用しない単文の連続の方が効率的であるように思われる。そのため、neunde は言語形式として独自の機能を持たない上に、効率を低くする余剰的成分ではないかという疑問が起きる。何の機能もない neunde を用いた複文は労力の無駄であり、労力を無駄にするコミュニケーションというのは関連性理論の考え方に相反するので、根本的なところから矛盾があると言える。

このような問題点を解決するために、池玟京（2012）では neunde に独自の意味はなく「関連付けを意図明示的に指示する手続き的コード」であると定義した。しかし、neunde に独自の意味がないという表現は、neunde が文内で何の役割もしないという誤解を招く可能性があるため、Noh（2008）と同じく理解されてしまう恐れがある。また、なぜ聞き手が関連付けを行うのか、その必然性と聞き手の動機づけが明確でないため、修正が必要だと思われる。一方、kedo についても記述的研究と語用論的研究が行われてきたが、複文の従属度という観点からの分析が特徴的である。

2.2　kedo の先行研究

南（1974, 1993）は日本語の接続助詞の研究に大きな影響を与えた考察である。そこでは文の構造には四つの段階があるとし、階層的なものとして捉えた。その手掛かりとなるのは従属句における構成要素間の共起関係である *16。日本語の従属句の中には、共起可能な構成要素の種類の範囲が非常に限られたものから、広いものまで、様々であることを述べ、共起関係を基準に従属句を A 類、B 類、C 類に分けている。その詳細を以下に引用する（南（1993: 41））。

(30) A 類：〜ナガラ（非逆接）、〜ツツなど。

　　　　　構成要素の範囲がもっともかぎられている。

　　 B 類：〜タラ、〜ト、〜ナラ、〜ノデ、〜ノニ、〜バなど。

　　　　　構成要素の範囲が A 類より広くなるが、つぎの C 類

よりはせまい。つまり、A類とC類中間。

C類：〜ガ、〜カラ、〜ケレド（モ）、〜シなど。
　　　構成要素の範囲がもっとも広い。

　ここでガとケレド（モ）は同じC類に入っているが、同一項目としては扱われていない。C類は共起できる構成要素の種類が最も多いグループで、ガの場合、A類とB類の従属句に現れた成分や全てC類と共起できる。同じ文の中で共起可能な成分と、共起不可能な成分の区別は、A類、B類、C類の特徴を述べる際に大変重要である。南（1993）はA類からC類までの従属句を表に並べ、共起可能な成分と不可能な成分を「＋」と「−」で示し、各分類の特徴と境界を明らかにした。下の〔表3〕は南（1993）が提示した共起成分の表からA類とB類の代表的なものとC類に属するガとケレドの共起関係を表している＊17。ガとケレド（モ）が属するC類で初めて共起するもの、即ちC類のみ共起可能なものは、主題のハ、ダロウ、一部の副詞、そして他のC類従属句である。ガとケレド（モ）は最も共起可能な要素が多いが、従属度は低い。このような考えは以降の研究にも影響を与え、日本語記述文法研究会（2008）はガ・ケレドを従属度が低い等位節として定義している。

表3　従属句の共起成分：南（1993）

構成要素 / 従属句	述語部分以外の成分												述語部分の要素						
	C類従属句	タブン類	提題ハ	B類従属句	時の修飾語	場所の修飾語	主格ガ	A類従属句	程度副詞	状態副詞	ニ	ヲ	動詞	サセル	ラレル	〜マス	〜ナイ	〜タ・ダ	ダロウ
Ａ ナガラ＊18	−	−	−	−	−	−	+	−	+	+	+	+	+	+	+	−	−	−	−
Ｂ ノニ	−	−	−	+	+	+	+	+	+	+	+	+	+	+	+	+	+	+	−
Ｃ ガ	+	+	+	+	+	+	+	+	+	+	+	+	+	+	+	+	+	+	+
Ｃ ケレド	+	+	+	+	+	+	+	+	+	+	+	+	+	+	+	+	+	+	+

　南（1974, 1993）は文と従属句全体を扱っているが、kedo のみを扱った研究ではどのような記述がされているのだろうか。韓国語のneundeと違って、日本語のkedoに関してはケド、ケレドモ、ケレドとガという形態の存在が問題になる。これらの扱い方は研究

16

によって異なるが、グループ・ジャマシイ（1998: 108–110）はケドをケレドのくだけた言い方とし、ケレドモを含め三つの形態を同一表現として扱っている。ケドは丁寧体の会話では普通は使わない反面、ケレドモは丁寧体に連接すれば公式の場でも用いられるとし、丁寧さの差で違いを説明している。また、同じ形で接続詞、接続助詞、終助詞の使い方があることを示し、接続助詞の場合「節に付いて、そこで述べられたことから予想されるのとは異なった展開が次に続き、逆接とは限らず前置きのようにも使う」と述べている。

　グループ・ジャマシイ（1998: 68–69）はケレドモの用法は細かく分類していないが、ガについては「逆接」、「前置き」、「言いよどみ」に分け、以下の例を挙げている。

　（31）彼は学生だが、私は社会人だ*19。

　（32）種をまいたが、芽が一つも出なかった。

　（33）山田と申しますが、陽子さんいらっしゃいますでしょうか。

　（34）あのう、実は明日の会議に出られないんですが。

ここでは韓国語の neunde の先行研究でも見られたように、対比と逆接の用法を同じカテゴリーにしている。対象の異質性を単純に比べる（31）と、予想と一致しない結果が並ぶ（32）を、性質が異なるにも関わらず同じ「逆接」に分類している。（33）のように質問や依頼の前のガは、「逆接」と区別して「前置き」としているが、（34）のような終助詞用法は「言いよどみ」として接続助詞と一緒に扱っている。

　一方、日本語記述文法研究会（2008: 258–262）は kedo と ga を一緒に取り上げ、同一項目として扱っている。主節と対立する内容という主張は他の研究と共通しているが、統語的性質については少し異なる見解を示している*20。kedo 節は従属節と見られることが一般的だが、日本語記述文法研究会（2008: 253）は kedo 節を等位節と規定している。等位節とは「主節に対して意味的に対等に近い関係を持つ節」とした上で、主節に対する従属度が非常に低く、主節を補足したり修飾する役割はせず、主節と似たような特徴を持つと述べられている*21。従属度が格段に低い証拠として、節の中に主題のハが現れたり、述語を丁寧体にすることがごく普通に行わ

れたり、モダリティ形式が現れると指摘している。このような従属
度の判断基準は南（1974, 1993）の影響を受けたものだと思われ
る。そして、「ガ・ケレド」の用法を四つに分類しているが、その
例文を以下に引用する。

（35）サメは魚類だけれど、クジラは哺乳類だ＊22。

（36）一生懸命勉強したけれど、合格できなかった。

（37）交通は不便だけれど、いい民宿だった。

（38）さっきの話だけど、もう1度考え直してくれないか。

（39）お客様がお見えになりましたけど。

まず、主節と対比的な内容を表す「対比」には、上の（35）が
該当する。（36）のような例は、予想される事態が起こらなかった
「逆接」とし、「対比」とは区別している。次に、主節と逆方向の判
断や評価を主張するkedoを「譲歩」としているが、用例として挙
がっている（37）は「対比」と非常に類似しており、両者の相違
点を明確にする必要がある。さらに、「前置き」の用法として
（38）、「終助詞的な用法」として（39）の例を挙げている。これら
の用法分類は全て主節との対立の仕方によるもので、「対比」が最
も基本であると述べているが、これはkedoを等位節とする見方と
関連していると言える。以上の二つの研究を比べると下の表のよう
にまとめられる。

表4　kedoの分類：グループ・ジャマシイ（1998）と日本語記述文法
　　研究会（2008）

グループ・ジャマシイ（1998）		日本語記述文法研究会（2008）	
逆接	（31）（32）	対比	（35）
		逆接	（36）
		譲歩	（37）
前置き	（33）	前置き	（38）
言いよどみ	（34）	終助詞的用法	（39）

　両者の意見が最も異なる部分は逆接をどのように捉えるかである。
グループ・ジャマシイ（1998）が「逆接」とまとめて言っている
用法を、日本語記述文法研究会（2008）は「対比」、「逆接」、「譲

歩」に分けている。「逆接」は「従属節の事態の帰結として予想あるいは期待される事態が、従属節の事態の成立にも関わらず起こらないことを表す」と述べ、単純な叙述内容の対比とは区別した。しかしながら、「逆接」と「譲歩」の用法が紛らわしく、取り立て助詞ハを伴う点は「対比」と「譲歩」に共通している。このように記述的研究では用法分類はしているものの、分類の基準が明示されておらず、分類間の関係に触れていない。また、なぜそのような用法の広がりが見られるかについても答えが出ていない。これはneunde の先行研究でも見られた問題点であり、多様な用法がある形式の考察では難い部分であるかもしれない。kedo においても語用論的観点からその答えを探ったものがある。

　山崎（1998）は手紙に現れたガを分析し、前件と後件、それらに先行する文まで分析の範囲を広げた。そこから「ガ節は、文脈仮定の強化を阻害する要素があることが推測される場合に、補足的な情報を挿入することによって、後続情報での強化の確実性を高める」と述べた。従来の研究でガの前件と後件のみが注目されてきたのに比べ、分析の範囲を広げた点で評価できる。

　永田・大浜（2001）でも山崎（1998）と類似した流れが見られるが、以下の三点を主張している。第一に、ケドは聞き手の想定を否定する。第二に、ケドによる否定には「棄却」と「抑制」の二つのタイプがある。第三に、ケドの各用法は否定の様子によって連続的に分化するもので、「棄却型」——逆接、対比——と「抑制型」——前置き、提題、挿入、終助詞用法——に分けられる。しかし、抑制の仕組みについては疑問が多く残る。抑制と分けられている用法は、後件と対立的な関係ではないため、否定の対象が明らかではない。

　この点については尾谷（2005b）も問題を提起した。そこでは永田・大浜（2001）が総括した kedo の用法で中心的な意味が逆接と対比にあることを認めた。しかし、棄却は誤った想定の削除であるが、抑制は必ずしも誤った想定ではないため、抑制を否定の一種と見なすのは問題がある述べている。また、棄却と抑制の間に包括的分析や動機づけがないことも問題として指摘されている。このような問題を挙げた上で、ケドには以下のような手続き的意味があり、

逆接以外の用法は主体化によって動機づけられると主張した*23。

(40)ケドの手続き的意味：尾谷（2005b）

　　　　［F-G関係］：従属節事態（前件）を地（Ground）として利
　　　　　　　　　　用することで主節事態（後件）を図（Figure）
　　　　　　　　　　として解釈せよ。

　　　　［対立関係］：その際に話し手が両事態の間に何かしらの
　　　　　　　　　　対立関係を見出していると解釈せよ。

　これは対立関係が背景化し、背後に隠れていたF-G関係が際立
ったものが前置き用法であるということだが、前置き、提題、終助
詞用法の違いを引き起こした原因は見当たらない。また、F-G関係
は従属関係の接続助詞全てにおいて見られるため、ケドの特徴とは
言えず、他の接続助詞との差を示す新たな説明が求められる。

3.　本書の立場

3.1　問題点

　前節ではneundeとkedoに関する主な先行研究を検討したが、
その問題は大きく以下の三点にまとめられる。第一に、多岐にわた
るneundeとkedoの使い分けをどのように分類するか、その基準
が明確ではない。分類基準が確立しない限り、分類の意義が示せず、
分類結果が示唆する点が十分に理解できない恐れがある。第二に、
分類間の関連性が明らかになっていない。記述的研究では両形式の
振舞いについて考察した上で用法を分類しているが、それらの関連
性については言及されていない。そのため、なぜこれらの用法が同
じneundeやkedoという形式で表せるのか、疑問が残る。第三に、
neundeとkedoの複文における機能と解釈過程、及び動機づけが示
されていない。これらは全て関連性を持って連動していると思われ
るが、従来の研究では全てを包括した説明が見られなかった。これ
らの問題点を解決するために、ここではneundeとkedoの実際の
用例を分析し、両形式の使い分けと関連性、さらに複文における機
能を明らかにすることを試みる。以下では考察の対象とデータ、
データの分析方法を明確にし、本書の立場を確認する。

3.2 考察対象と方法

本書の考察対象である neunde と kedo は両形式とも書きことば
と話しことばを区別せず使われている。そのため、書きことば、話
しことばの両方から現代語のデータを集めた。テレビドラマは先に
書かれた脚本の存在があり、完全な話しことばとは言えないが、文
字化されていて豊富である。また、文脈を参照したい時は前後の内
容がすぐに参照できる利点があるため、分析の材料とした。また、
同じ作品に偏らないように作品の種類を増やした。

表5 韓国語のデータ1：話しことば＊24

タイトル	放送期間	分量		表記
고맙습니다 ありがとうございます	2007.3.21–5.10	1話＊25	76KB	ありがとう
꽃보다 아름다워 花より美しく	2004.1.1–4.14	1話	59KB	花
내 이름은 김삼순 私の名前はキム・サムスン	2005.6.1–7.21	1話	59KB	三
달자의 봄 タルジャの春	2007.3.1–4.20	1話	60KB	春
연애시대 恋愛時代	2006.4.3–5.23	1話	50KB	恋愛
완벽한 이웃을 만나는 법 完璧な隣人に出会う方法	2007.7.25–9.27	1話	50KB	隣
미스터 굿바이 ミスターグッドバイ	2006.5.22–7.18	1話	64KB	ミスター
베토벤 바이러스 ベートーヴェンウイルス	2008.9.10–11.12	1話	76KB	ベバ
커피프린스 1호점 コーヒープリンス一号店	2007.7.2–8.27	1話	71KB	コーヒー
포도밭 그 사나이 ブドウ畑のあの男	2006.7.24–9.12	1話	79KB	ブドウ
9作品　555分（594KB）				

　一方、書きことばは韓国国立国語院が企画し、21世紀世宗計画
の一環として構築した世宗コーパスを用いた＊26。

表6　韓国語のデータ2：書きことば＊27

タイトル	種類	分量	表記
과학혁명 - 근대과학의 출현과 그 배경 科学革命―近代科学の出現と背景	書籍	2,771KB	科学
시네 21　シネ 21	雑誌	953KB	シネ
언어와 사상 - 전통문화와 민족정신 言語と思想―伝統文化と民族精神	書籍	1,370KB	思想
중앙일보　中央日報	新聞	1,142KB	中央
計 6,236KB			

世宗コーパスで提供している書きことばデータは新聞、書籍、雑誌などがある＊28。しかし、書籍の中の小説はドラマの脚本と物語的特徴を共有しているため、データが特定のジャンルに偏る恐れがあると判断し対象外とした。なるべく多様なことばのジャンルに対応できるようにするため、文系と理系のテーマを扱う書籍を一点ずつ、その他、新聞、雑誌を対象にした。科学関係と文化をテーマにした本は説明文の特徴を持つため、新聞はコラムを、雑誌は映画関係のものにすることでジャンルのバランスを考慮した。

　一方、日本語のデータ、特に話しことばにおいては、韓国語データと同じ程度に種類と量を集めることはできなかった。韓国語のデータを先に収集したため、それに完全に一致する日本語のデータを入手することは困難であった。またドラマの場合、韓国語のデータに比べ作品数を集められなかったので、全回分を用いることにした。

表7　日本語のデータ1：話しことば

タイトル	放送期間	分量		表記
魔女の条件	1999.4.8–6.17	11 話＊29	173KB	魔女
眠れる森	1998.10.8–12.24	12 話	319KB	森
氷の世界	1999.10.11–12.20	11 話	356KB	氷
ロングバケーション	1996.4.15–6.24	11 話	259KB	LV
1 リットルの涙	2005.10.11–12.20	6 話	119KB	1L
5 作品　2,867 分（1,226KB）				

日本語の書きことばは、主に新聞記事を用いた。今回は毎日新聞2007年度の記事を対象にしたが、データ量は392,306KBである。記事の中には説明文の性格に近いものや、エッセイ、インタービューなども含まれているため、他のテキストに比べ多様なスタイルが見られると思われる。また、現代日本語書き言葉均衡コーパス（以下BCCWJ）を用いて、雑誌のデータを入手した*30。他に、書きことばの中でも話しことば的特徴を多く持っているブログやネットの書き込みなどを加え、話しことばデータを補うようにした。

表8　日本語のデータ2：書きことば

種類	タイトル	期間	表記
新聞	毎日新聞	2007年	毎日
現代日本語書き言葉均衡コーパス（BCCWJ）	雑誌	2001–2005年	BCCWJ雑誌
	YAHOO!　知恵袋	2005年	BCCWJ知恵袋
	YAHOO!　ブログ	2008年	BCCWJブログ

　以上、韓国語と日本語のデータの詳細について述べた。BCCWJ以外のデータを検索する際には、uniconc（ユニコンク）というプログラムを用いる*31。uniconcは音節以下の音素単位にも対応し、異形態が存在するneundeの分析に適していると言える。また、言語に関係なく使えるプログラムなので、kedoの抽出にも問題はない。neundeとkedo前後100文字までを基本範囲にして用例を抽出する。

　また、入手したデータは韓国語の方を先に分析する。日本語のkedoの用例を同時に分析するには、一度に扱うデータの量が多すぎることと、neundeとkedoの分析内容で混乱が起きてしまう恐れがあるため、順番に分析していくことにした。集められた用例は以下の13項目について確認する。

(41)用例分析の確認項目
　　① 　前件述語の種類
　　② 　前件述語のテンス
　　③ 　後件述語の種類
　　④ 　後件述語のテンス

⑤　文末形式：平叙、疑問、勧誘、命令

⑥　共起形式 1：取り立て助詞

⑦　共起形式 2：当為のモダリティ

⑧　前後件の倒置：等位節・従属節の判断

⑨　前件の必要性：前件の省略可能性

⑩　因果関係：前後件における原因・結果関係の有無

⑪　時間関係：前後件における時間的順序の有無

⑫　置き換え 1：同言語内の他の接続表現への置き換え可能性

⑬　置き換え 2：韓日、日韓翻訳の対応表現

　これらの項目の中は、前後件の節内部に関するものと、前後件のつながりに関するもの、共起形式に関するものがある。また、形態・統語的要素と、意味的要素が存在する。確認項目をチェックした後は、同じ項目に該当する用例同士で集め、neunde の使用を見る。基準とするチェック項目を変えながら組み合わせていくことによって、より特徴を共有するグループに分けることができると思われる。そこから neunde の分析に有効な項目が見えてくると予測され、neunde の意味・用法を分類する基準として活用できる可能性がある。さらに、neunde の対応表現とされる kedo に分類基準を適用してみることによって、他の接続表現への利用可能性を確認し、一般性の高いものが導かれると考えられる。

　以上、分析対象である neunde と kedo の形態的特徴を踏まえ、入手したデータから用例を抽出する方法や、具体的な分析方法について考えてみた。その際に、注意すべき点をいくつか述べておく。前章で従来の研究を検討した際に、neunde と kedo の用法を単に分類するだけでは総合的な説明に至らないこと、また抽象的な定義では実際の用例とはかけ離れてしまうことが分かった。この問題を解決し、両形式の振舞いを明らかにするために、以下の方向で考察を進める。

　一つ目は、前件と後件の意味内容とその関係に注目して分析を行うことである。従来の研究では、neunde や kedo 複文の意味を接続表現に求め、文全体の解釈と接続表現自体の意味とを同一視する傾

向があった。しかし、解釈された neunde と kedo の意味は非常に多岐にわたり、一つの接続表現に全てが含まれているとは考えにくいところがある。従って、接続表現そのものに文全体の意味を求めるのではなく、前件と後件の意味内容と関係に注目し、分析の範囲をより広げることを目指す。

　二つ目は、分類の基準を設けることである。従来の研究でなされた分類において、ある文がどの分類に入るか、判断に迷うことが多かった。分類は提示されていても、どのような基準による分類なのか示されていなかったためである。neunde と kedo は様々な使い方がされるため、明確な分類基準がなければ、用例を分析する過程で混乱が生じてしまう。しかし、分類基準があれば全ての用例について同じ条件で分析できるので、分析の主体が変わっても判断が変わり難くなり、今後活用可能性が高くなると言える。また、分類の基準を決めることは、neunde と kedo の使用条件を明らかにすることにつながり、分類間の関係性も見えてくると予想される。前節の研究方法では用例分析でチェックする項目を挙げたが、その組み合わせやグルーピングされた用例の共通点から、両形式の使い方を分類する基準が見つかると思われる。

　最後に、用例の性質に関することである。従来の研究では実際に話された用例を扱うものはほとんど見られず、小説の文章や研究者による作例が多かった。用例の出典が偏っており、話しことばデータは豊富とは言えない。しかし、neunde と kedo は文体やテキストの種類による特徴が存在する可能性があり、それを調べるためには偏りのないデータの分析が必要である。また、言語生活のどのような場面で使われているのかを調べることは、意味・用法と同様に重要なもので、表現を使いこなすために必ず必要な情報である。従って、本書では実際の話しことばと書きことばのデータを用いて、両形式の分析を行うことを前節で述べた。分析過程でもテキストの種類による使い分けや、分布の差を積極的に比べることによって、形式の外部要因についても分析範囲に取り込むようにする。第2章では、以上の用例分析を行うことによって見い出された分類基準を取り上げる。

＊1 韓国内の研究では「있다 issda（ある／いる）」と「없다 eobsda（ない／いない）」を存在詞としている。有情物と無情物の区別はなく、一つの形態しか持たない点で日本語と異なる。また、「았 ass」と「었 eoss」は過去の表示で語末語尾の前に位置する特徴から先語末語尾と呼ばれているが、前接する用言の語幹末母音によって使い分けられる。本書では以上の形態について、韓国語学の用語を用いることにする。

＊2 未来を表す先語末語尾「겠 gess」は、話し手の推量を表すこともあり、上記の（1）c も話し手の推量が含まれていると思われる。しかし、二つを厳密に分けることは非常に難しい上に、neunde の考察においては必ずしも必要ではなく、本書の議論の範囲を超えていると考えられる。また、推量は未実現の事態を対象にしている点で、未来の事態であることに変わりはない。ここでは neunde と関連して「겠 gess」を言及する際には、未来表示と呼ぶことにする。

＊3 こちらも（2）の例文と同じく、従属節における過去先語末語尾の使用に関わらず、主節のテンスによって解釈される。

＊4 韓国語学では一般的に指定詞と呼ばれている。

＊5 現在形も話しことばにおいては縮約が起きて「인데 inde」が「ㄴ데 nde」で現れることもよくある。ただし、これは下記の例のように母音終わりの名詞に限る。

　　　이거 홍찬데 드실래요?　（これ紅茶ですけど、召し上がりませんか？）
　　　igeo hongcha-nde deu-si-lleyo

＊6 韓国語には二種類の丁寧体文末語尾が存在するが、場面によって使い分けられる。

＊7 日本語文法で「ある／いる」は存在動詞という用語が広く使われているが、韓国語文法では存在詞という用語が使われている。本書では日韓の対照と韓国語について述べる際には存在詞と記述した。また、名詞に関しては kedo に直接接続するのはコピュラ形式ダであるが、その前の名詞の意味によって後件との関係が成立するので、述語全体の特徴を反映するために、名詞述語という用語で統一することにした。

＊8 （13）から（17）は、（8）から（12）を操作したものである。

＊9 各形態について述べる必要がある時はカタカナ、先行研究を引用する場合は元の表記を用いる。

＊10 （20）から（24）の例は国立国語院（2005: 238–240）から引用した。

＊11 （25）から（28）の例文は Seo, Jeongsu（2006: 1163–1168）から引用した。

＊12 「主題 - 解説」構造の話題提示方式であることを指摘した。

＊13 Seo（2006）は「対照」を反対なる事態、状況を前後に並べて比べる状況だと述べた。異質な事柄を比べる点で「対比」という用語が適切かもしれないが、韓国で発表されている文献の多くでは「대조（対照）」という用語を用いている。これから先行研究の主張を引用したり言及する際は原文の表記とおりにするが、本書の考えを述べる際には「対比」という用語を用いる。

＊14 特別に出典を述べていない例は筆者による作例である。

＊15 関連性理論において、発話は聞き手の推論が始まる出発点となる同時に、推論の方向を導くものである。そこで対象となる発話は、意図明示的なコミュニケーション（ostensive communication）に限られており、聞き手がどのようにして話し手の伝えようとした内容や意図を理解するのか、そのメカニズムの解明が目標である。

＊16 南（1974, 1993）が「従属句」としているものには接続助詞と連用形がある。

＊17 南（1993: 96–97）から一部を抜粋した。

＊18 南（1993）はナガラを非逆接と逆接の意味合いで分けており、非逆接のナガラはA類、逆接のナガラはB類に分類した。非逆接のナガラは平行継続とも表現されている。

　　a. よくかき混ぜながら煮ましょう。〈非逆接〉
　　b. 体は小さいながら、力は強い。〈逆接〉

＊19 （31）から（34）はグループ・ジャマシイ（1998: 68–69）から引用した。

＊20 日本語記述文法研究会（2008）の主張を引用する時には、「主節」と「従属節」のように原文の用語を使うが、それ以外は文内の前後関係で「前件」と「後件」と呼ぶ。前述したとおり、用例によっては前後件が対等な関係にある場合もあり、「主節」と「従属節」という用語は混乱を招く恐れがあると判断したためである。

＊21 日本語記述文法研究会（2008: 7–12）は従属節を主節への従属度によって四段階に分けている。従属度によって、それぞれテンス・アスペクト形式の選択、主語、主題化、述語に関して特徴があると述べており、この四段階は連続的であるとしている。

＊22 （35）から（39）は日本語記述文法研究会（2008: 258–262）から引用した。

＊23 主体化に関してはLangacker（1999）を引用し、客体的な意味が背景化することで、普段は意識されることがなかった主体的な意味が相対的に際立ってくる現象だと述べている。

＊24 タイトルはハングル文字順（가나다順）に並べ、その訳は日本版DVDに従った。これらのデータは放送前に書かれた脚本を基にしており、放送されたドラマの書き起こしではないため、実際に放送されたものとは若干の違いがあり得る。

＊25 1話60分の放送である。

＊26 21世紀世宗計画は1998年から2007年までの10年間、韓国語の情報化を目的に行われたプロジェクトである。マルムンチ（コーパス）の構築とその検索プログラムの開発を始め、機械処理のための電子辞典開発、文字コードの標準化、南北を越えたことばの情報化を行った。その成果として構築されたコーパスをウェブから無料で配布しており、現代語に限らず中期朝鮮語のデータも電子ファイルの形で提供している。

＊27 タイトルはハングル文字順で並んでおり、タイトルの日本語訳は筆者が付けたものである。

＊28 書籍は小説、社会、科学、歴史などのテーマに分けられ、電子ファイル

の形になっている。

＊29　基本的な放送時間は 1 話 54 分だが、拡大放送で放送時間が異なる場合
がある。

＊30　BCCWJ は小納言を使用したが、全 1 億 430 万語単位のデータから無作
為に 500 例が抽出される。雑誌は 2001 年から 2005 年の 1,996 件、440 万語、
知恵袋は 91,445 件、1,030 万語、ブログは 52,680 件、1,020 万語から構成さ
れている。無作為選別であるため、データ量を特定することはできないが、
コーパスの規模のみ述べておく。

＊31　韓国ソウル大学パク・ジンホ教授によって作られたコーパス検索プログ
ラムである。

第2章
分類基準

　第1章では neunde と kedo の先行研究を検討する中で、両形式は接続可能な事態関係が非常に多様で、使用範囲が広域にわたることが分かった。しかし、従来の研究ではその一部の特徴のみが注目され、すべての用法に対する総合的説明には至らなかった。その大きな原因は研究者が恣意的に用例を選択したことや、直観に頼った分析を行ったことにあると考えられる。これは研究者の主観の介入によって、分析の対象と方法が限定されたためではないだろうか。このような先行研究の問題点を繰り返さないためにも、用例の選別と分析方法には十分に注意を払う必要がある。用例収集と確認項目については前章で述べたとおりだが、その結果をどのようにまとめて分析するかという問題が残っている。考察対象になる全ての用例を同じ条件で、かつ主観的な判断に陥らないようにするには、何よりも一貫した分析方法が先に確立されなければならない。

　その手掛かりとして1章で取り上げた形態・統語・意味の確認項目を使用して用例を分析した結果、主に四つの項目が neunde の使い分けに深く関わっており、それを分類基準にすることで neunde の用例がいくつかのグループにまとめられることが分かった。本章ではその四項目を提示し、実際どのように neunde の分析に用いられるかについて考えてみる。同じ項目に該当する用例を集めれば、自然と他との区別がなされ、neunde の下位分類ができる。また、分類基準となる各項目の該当状況で、グループ間の関係も明らかになり、neunde の全体像が明らかになると思われる。

　また、neunde は非常に広い意味関係の接続を担っているため様々な類似表現があり、日本語の kedo やその他接続表現と関りを持っている。これは neunde の分析の際に用いられた分類基準を他の接続表現の分析にも利用できる可能性を示す。他にもこの分類基

準が活用できるのであれば、複文分析の道具として、本書の分類基準の一般性と有効性が認められるであろう。本書はこのような性質に着目して、neunde の分類基準に一般性のある複文の分類基準として可能性があるかを調べてみる。後にはそれによって分けられた neunde の用例を検討することで分類基準の妥当性を確認し、kedo を対象に二次検証を行うことにする。さらに、neunde と kedo の類似表現の分析を最終検証とし、分類基準の妥当性を確かめていく。本章では、まず四つの分類基準について neunde を用いて説明する。

1. 前提の有無

　neunde の用例で見られる一番大きな区別として前提の有無が考えられる。今回検討した用例は、前件の内容からその事態関係について前提が成り立つものと、成り立たないものに分かれた。それによって複文全体の解釈や展開がかなり異なるので、用例を分析する際には確認しなければならない項目だと思われる。ここでは neunde 複文における前提とは何か、具体的にどのようなことを指しているのかについて、例文を見ながら説明する。話し手が前提とするものは、一般常識的なものから、個別の事態に関する予想や当為判断、個人的な期待や希望まで様々である。まず、多くの人が想定可能な、一般性の高い前提から見ていく。

（1）비가 오는데 우산을 씁시다.

　　　bi-ga o-neunde usan-eul sseu-bsida

　　　雨 - が 来る - ［neunde］傘 - を 差す - ［勧誘］

　　　雨が降っているから傘を差しましょう。

（2）（1）の意味構造

　　　前件P：雨が降る　後件Q：傘を差す

　　　前提P ⇒ Q：雨が降れば傘を差す＊1

　例文（1）の前件と後件は、「雨が降る」と「傘を差す」という二つの事態を表している。この文はある事態関係の中で複文を構成しているため、単純に前後件を結びつけるだけでは全体の意味が得られず、互いの関係についても考えなければならない。（1）の前

件内容をP、後件内容をQとすると、「P：雨が降る」と「Q：傘を差す」になる。文全体を理解するためには、前後件の事態を把握することは基本で、雨と傘の性質、雨と傘の関係、雨が降るという出来事と傘を差す行動の意味や関連性を知っている必要がある。まず、雨は水と同じ成分で空から降ってくる、雨に降られると身体が濡れる、即ち「雨が降れば身体が濡れる」という知識が最初に利用できる。それに身体を濡らさないためには何らかの対策が必要だ、頭の上から濡れるのを防ぐ傘という道具があるという知識も加わる。そこから「雨が降れば（濡れないために）傘を差すべきだ」という前提が導かれ、「傘を差す」という行動が期待されるのである。これが現実世界で叶った場合、雨は傘を差す行動を引き起こしたことになるが、(1) はまだ未実現の事態で、雨が傘を差すことを主張する根拠や理由になると考えられる*2。下の (3) は (1) と類似した意味構造を持っている。

(3) 비가 오는데 우산을 안 쓴다.

 bi-ga o-neunde usan-eul an sseu-n-da

 雨 - が 来る - [neunde] 傘 - を [否定] 差す - [現在] - [平叙]

 雨が降っているけど傘を差さない。

(4) (3) の意味構造

 前件P：雨が降る 後件～Q：傘を差さない

 前提P ⇒ Q：雨が降れば傘を差す

(3) の意味構造を (1) と比べてみると、前件は同じだが、後件はQとは正反対の事態「傘を差さない」である。ところが、一般常識として「雨が降れば傘を差さない」という前提は、非常に特定された文脈でない限りあり得ない。そのため、(3) も (1) と同じ「P ⇒ Q：雨が降れば傘を差す」という関係が成り立つと考えられ、(3) の後件は～Qの事態展開となるのである。要するに、雨と傘の間には「雨が降れば傘を差すべき」という前提が一般的で、(1) と (3) は叙述内容において一部が異なっても同じ前提があると考えられる。一方、下の (5) も同じく雨に関わる事柄が neunde によって結ばれているが、(1) と (3) のような前提は見られない。

(5) 오늘은 비가 오는데 이번 비는 약 한 달 만입니다.

oneul-eun bi-ga o-neunde ibeon bi-neun yag han dal man-i-bnida

今日 - は 雨 - が 来る - ［neunde］今回 雨 - は 約 一ヶ月 ぶり - だ - ［丁寧］

今日は雨が降りますが、今回の雨は約一ヶ月ぶりです。

（6）（5）の意味構造

　　前件P：雨が降る　　後件Q：雨は一ヶ月ぶりだ

　　??P⇒Q：雨が降れば一ヶ月ぶりだ

　（5）の前件と後件は「P：雨が降る」と「Q：一ヶ月ぶりだ」のように整理できる。しかし、前件の「P：雨が降る」と後件の「Q：雨は一ヶ月ぶり」の間に「P⇒Q：雨が降れば一ヶ月ぶりだ」という前提は成り立たないため、Pから「一ヶ月ぶりだ」という帰結は考えられない。また、前件と後件どちらも雨に関する情報ではあるものの、雨を媒介にした期待や予測は他にも成り立たず、前提がなくても文の意味は十分解釈できる。このように、neunde複文の中には前提があるもの――（1）と（3）のタイプ――と、ないもの――（5）のタイプ――があった。この「前提の有無」を分類基準とし、用例を分析する際に「前提有り」と「前提無し」のどちらになるかを確認する*3。

　ここまで見た前提は世間一般的なもので、他の人と共有されている可能性が高いものだった。ところが、話し手が持ち得る前提は、個人的なものや、当為判断など様々であることが以下の例から分かる。

（7）비가 오는데 커피라도 한 잔 마실까?

bi-ga o-neunde keopi-lado han jan masi-lkka

雨 - が 　　　降る - ［neunde］コーヒー - でも 一杯 　　飲む - ［勧誘］

雨が降っているからコーヒーでも飲もうか？

（8）친구가 힘든데 도와 줘야지.

chingu-ga himdeu-nde dow-a jwo-ya-ji

友達 - が 大変だ - ［neunde］助ける - ［連用］あげる - ［当為］- ［確認要求］

友達が大変だから助けなくちゃ。

　例文（7）は前件の「P：雨が降る」と後件の「Q：コーヒーを飲む」という事態が現れている。話し手はQの行動を誘う理由としてPの事態を挙げており、その間には「P⇒Q：雨が降ればコー

ヒーを飲む」という前提が存在する。この前提の事態関係は先ほど
の「P ⇒ Q：雨が降れば傘を差す」に比べ、非常に個人的なもので
あり、このような前提を持たない人もたくさんいるはずである。ま
た、（8）は「P ⇒ Q：友達が大変なときは助ける」という前提を持
って発言しているが、この前提は「P ⇒ Q：友達が大変なときは助
けるべきだ」としても良いほど強い当為判断が含まれている。ここ
までの例から、neunde 文の前提は事態の生起に関するものだと思
われるかもしれないが、例文（9）はそのようには見えない。

(9) 다들 우산을 쓰고 있<u>는데</u> 비가 오나 보다.

　　dadeul usan-eul sseu-go iss-<u>neunde</u> bi-ga o-na boda

　　皆 傘 - を 差す - ［連用］いる - ［neunde］雨 - が 来る - ［連用］ みる

　　皆傘を差している<u>から</u>雨が降っているようだ。

(10)（9）の意味構造

　　　P：傘を差す　　　　Q：雨が降る

　　?? P ⇒ Q：傘を差せば雨が降る

　　　　Q ⇒ P*4：雨が降れば傘を差す

　（9）の前件は「P：傘を差す」、後件は「Q：雨が降る」で、（1）
のPとQが反対になっている。前提を「P ⇒ Q：傘を差せば雨が降
る」とすると、傘を差した行動によって雨が降ったという、普通は
あり得ない事態関係になってしまう。むしろ、（1）と同じ前提
「雨が降れば傘を差す」が有効で、前提から得た知識──「傘を差
す行為は雨を避けるためだ」──から今は「Q：雨が降る」状態で
あると予測できる。要するに、前件のPとQは事態レベルだけで
はなく、（9）のように後件の判断を裏付ける根拠、認識レベルの
前提も含まれると言える。しかし、前提があっても、その実現状況
によって文の解釈は異なってくる。このような点を踏まえ、前提と
の一致可否について2節で詳しく検討する。

2．前提との一致

　前節で取り上げた第一分類基準で「前提有り」と判断された用例
はどのように展開されるのだろうか。前後件の間に存在する前提は、

未実現の事態関係で推測に過ぎないため、現実世界における事態展開はどちらかに決定しているわけではない。このような関係は条件文と事実文の間にも見られ、条件文の予測どおりに事態が実現される場合と、実現されない場合という二つの可能性がある。このような条件文の特徴については、いくつかの先行研究で言及されたことがある。坂原（1985）は条件文を中心に、理由文は「前件が真であると知られたときの条件文」、反事実的条件文は「前件が偽である条件文」として統一的に捉え、譲歩文は条件文の否定であると指摘した*5。これを受けて、小泉（1987）は条件文を「前件と後件の因果関係を予測したもの」とし、予測の実現可否によって「理由文」と「譲歩文」を区別した。そして、この三つを初めて「論理文」と名付け、総合的に説明した*6。坂原（1985）では論理文を真理関数的解釈方法で捉えていたが、小泉（1987）は予測と事実を区別し、現実世界における位置づけを試みたという特徴がある。さらに、前田（2009）は予測と事実の区別に「レアリティー」という概念を導入し、条件文と事実文との関わりを以下のように整理した。

表1　前田（2009: 30）引用

		論理展開の方法	
		順接	逆接
レアリティー	仮定的	条件文	逆条件文
	事実的	原因・理由文	逆原因文

　前田（2009）によると、仮定か事実かというレアリティーの区別と、条件文に沿うものかという論理展開によって、論理文は四種に分けられる。「原因・理由文」が小泉（1987）の「理由文」で、「逆原因文」が「譲歩文」に相当するものだと思われる。レアリティーという概念は論理文を統一的に捉えられる利点以外にも、事実文の分析において前提と事実関係を明確に区別できるため有効である。本書の分析においても、レアリティーの概念は活用できる。第一分類基準で「前提有り」と判断された用例でも、現実世界での実現は以下のように様々である。

(11)비가 오는데 우산을 씁시다．【(1)】

bi-ga o-neunde usan-eul sseu-bsida

雨 - が 降る - [neunde] 傘 - を 差す - [勧誘]

雨が降っているから傘を差しましょう。

(12)비가 오는데 우산을 안 쓴다．【(3)】

bi-ga o-neunde usan-eul an sseu-n-da

雨 - が 降る - [neunde] 傘 - を [否定] 差す - [現在] - [平叙]

雨が降っているけど傘を差さない。

上記の（11）は1節で述べたように、「P ⇒ Q：雨が降れば傘を差す」という前提が考えられる。この前提は条件文と同じく現実世界ではまだ未実現である。ところが、その後件は実現に向かっており、「雨が降っているので傘を差しましょう」という勧誘文になっている。Qの事態が実現されたわけではないが、実現するために働きかけるという点から、前提に一致する展開だと考えて良いだろう*7。このように現実世界における事態展開が「P ⇒ Q：PなのでQ」である場合、「前提との一致」が見られると判断した。

一方、例文（12）は同じ内容の前提が生じるので「前提有り」に分類されるが、事態展開においては（11）と異なる。（11）は前提に一致する方向へ後件が展開される反面、（12）は前提と逆の方向へ進んでいる。前提に沿うものであれば、「傘を差す」行動をするか、するように働きかける内容でなければならない。ところが、（12）の後件は「傘を差さない」、即ち「～Q」の事態を述べており、前提に一致しない展開だと言える。このように前提と事態展開が必ず一致するとは限らないため、1節の分類基準「前提の有無」では、実際にPとQの事態が起きたのかは問題視せず、仮定的レアリティーに限定して前提の有無のみを考察した。（11）と（12）はどちらも「前提有り」に分類されるが、「前提との一致」の項目が加わると、（11）は「一致」、（12）は「不一致」のグループに分かれるのである。

もちろん想定される前提によって、一致と不一致は逆になることもある。しかし、一般的に考えて「雨が降れば傘を差す」と「雨が降れば傘を差さない」では、前者の可能性が高いのではないだろう

第2章　分類基準　　35

か。非常に限定された場面、特殊な場面を設定すれば良いかもしれ
ないが、後者は一般常識から考えると滅多に現れないと思われる。
1節で述べた前提の有無の判断も、話し手と聞き手の常識や知識が
非常に影響されるところだが、何を前提とするか、そこから何を期
待するのかも同じである。人によって常識や知識は異なるし、ある
事柄について何が最も典型的だと考えるかは個人差がある。そのた
め、どの知識に一番にアクセスするか、どれを最初に思い出すかは
認識主体によって異なると思われる。さらに、事案の特性も想定さ
れる前提に大きく影響するのではないだろうか。ある事態は認識主
体の影響が少なく、ほとんど皆が同じ知識に最初にアクセスする反
面、ある事態は認識主体の影響が大きく、主体によって最初にアク
セスする知識がばらばらであるなど、様々な可能性がある。先ほど
の前提「P ⇒ Q：雨が降れば傘を差す」は恐らく前者であり、認知
主体による相違は少ない。（11）は前提と一致、（12）は不一致す
る事態展開とすぐに判断されるだろう。このように、話し手の持っ
ている知識と事態の特徴が絡み合って、その組み合わせ次第で、
様々な事態関係が表せるのだと考えられる。ところが、前提に一致
しない事態展開も多様である。

（13）비가 안 오는데 우산을 쓴다.

      bi-ga an o-neunde usan-eul sseu-n-da

      雨 - が［否定］来る -［neunde］傘 - を 差す -［現在］-［平叙］

      雨が降っていないのに傘を差している。

（14）（13）の意味構造

      〜P：雨が降らない　Q：傘を差す

      P ⇒ Q：雨が降れば傘を差す

（15）비가 오는데 선글라스를 쓴다.

      bi-ga o-neunde seongeullaseu-leul sseu-n-da

      雨 - が 来る -［neunde］サングラス - を 掛ける -［現在］-［平叙］

      雨が降っているのにサングラスを掛けている。

（16）（15）の意味構造

      P：雨が降る　　　　R：サングラスを掛ける

      P ⇒ Q：雨が降れば {傘を差す / 屋外活動は中止だ / 洗濯物

を取り込む/…}

例文（13）の前提は（11）と（12）のそれと同じである。（13）の前件は「～P：雨が降らない」なのに、後件は「Q：傘を差す」になっている。これは「～P ⇒ Q：PでないのにQ」という事態展開に相当するため、雨と傘の間に最も一般的な前提「P ⇒ Q：雨が降れば傘を差す」とは一致しない。また、「P：雨が降る」の事態において前提を構成できるQは、「傘を差す」や「屋外活動中止」、「洗濯物を取り込む」などの事態が期待される。しかし、（15）の後件「サングラスを掛ける」はQのカテゴリーの中には入らないもので、Pが「晴れ」の場合に前提を構成するQとして相応しいものである。Pが雨である限り、Qのカテゴリーには入らないためRと表記したが、Rも前提に一致しない事態展開の下位分類として位置づけられる。さらに、「P：雨が降る」は「Q1：眩しくない」から「Q2：サングラスを掛けない」へと、複数の段階を経ると考えることも可能である*8。そこから、後件の「サングラスを掛ける」は前提と反対になる事態として～Qの範疇に入るため、Rは～Qの部分集合であることが分かる。ここまで前提と現実世界での事態展開の対応関係を整理すると下記のようになる。

表2　前提と事態展開

前提	事態展開		解釈	例文
P ⇒ Q	一致	P ⇒ Q	PなのでQ	（11）
	不一致	P ⇒ ～Q	PなのにQではない	（12）
		～P ⇒ Q	PではないのにQ	（13）
		P ⇒ R	Pなのに全く別の結果R	（15）

　ここまで述べた分類基準は、複文の根底に前提は存在するのか、それと事態展開は一致するのかを確認するものだった。両者は相互に切り離せない、関連性が強い項目であることが分かる。次節では前提が生じない事態関係に関わる分類基準について考察する。

3. 対立

　次の分類基準は前件と後件の意味内容に見られる対立である。ここまでは前提、それとの一致について検討してきたが、下の例のように、前提が見られず一致や不一致を論ずることのできない事柄もある。

　(17) 비가 오<u>는데</u> 많이는 안 온다 .

　　　 bi-ga o-<u>neunde</u> mahni-neun an o-n-da

　　　 雨 - が 来る - ［<u>neunde</u>］ たくさん - は ［否定］ 来る - ［現在］ - ［平叙］

　　　 雨が降っている<u>けど</u>、たくさんは降っていない。

(17) の前件は「P：雨が降る」、後件は「Q：たくさんは降らない」という内容で、このPとQの間に前提があるとは想定できない。雨が降る事態が雨の量を左右するわけではなく、必ずしも「たくさん降る」、あるいは「少し降る」という事態につながるとは限らない。従って、(17) において前提は存在せず、前提との不一致とは考えられないが、文全体としては何らかの不一致や対立を感じてしまう。以下の例はより対立の意味合いが強く表れている。

　(18) 어제는 날씨가 좋<u>았는데</u> 오늘은 안 좋다 .

　　　 eoje-neun nalssi-ga joh-ass-<u>neunde</u> oneul-eun an johda

　　　 昨日 - は 天気 - が 良い - ［過去］ - ［<u>neunde</u>］ 今日 - は ［否定］ 良い

　　　 昨日は天気が良かった<u>けど</u>、今回は良くない。

　(18) の前件は「昨日は天気が良かった」、後件では「今日は（天気が）良くない」と述べている。前日の晴れが次の日の晴れ、もしくは雨を引き起こす原因にはならないので、前後件の間に前提はないと判断できる。しかし、(18) の前後件には天候の良し悪しが比べられており、取り立て助詞「은 / 는 eun/neun」でさらに違いが際立っている。このように、前提との食い違いではないが、前後件の意味内容に何らかの相違点、不一致が見られる場合、「対立」が見られるものとして分類する。以下の例でも前後件の内容に「対立」が見られる。

　(19) 나는 산을 좋아하<u>는데</u> 언니는 바다를 좋아한다 .

　　　 na-neun san-eul johaha-<u>neunde</u> eonni-neun bada-leul johaha-n-da

私 - は 山 - を 好む - [neunde] 姉 - は 海 - を 好む - [現在] - [平叙]

私は[山]が好きだけど、姉は[海]が好きだ。

対立は、上の（17）と（18）のように、述語の肯定と否定を並べる方法——（17）降る/降らない、（18）良い/良くない——と、（19）のように同じ述語を用いながら他の文成分を操作する方法がある。（19）の「好きだ」という述語は前後件で同じく肯定であるが、人物によって好きな対象が異なることに対立が見られる。前件の「山」と後件の「海」は、よく異質的な性格を持つ場所として位置づけられるため、前後件に対立の意味が持たれるのである。さらに、両者を取り立て助詞でマークすることによって、前後件の異質性を比べる、即ち対比の意味が生じると思われる。

また、この項目に該当する用例は、他の用例に比べ等位節である割合が高いという特徴がある。他のneundeの用例がほとんど従属節関係で、後件が主節である点と対照的である*9。そのため、下の（20）のように前後件を入れ替えても意味の変化は生じないのである。

（20）（19）の前後件を交代

언니는 [바다]를 좋아하는데 나는 [산]을 좋아한다.

eonni-neun bada-leul joaha-neunde na-neun san-eul joaha-n-da

姉 - は 海 - を 好む - [neunde] 私 - は 山 - を 好む - [現在] - [平叙]

姉は[海]が好きだけど、私は[山]が好きだ。

（21）（1）の前後件を交代

* 우산을 [쓰는데] 비가 옵시다.

u-san-eul sseu-neunde bi-ga o-bsida

傘 - を 差す - [neunde] 雨 - が 来る - [勧誘]

* 傘を差すから雨が降りましょう。

（19）の前後件の順序を変えると（20）のようになるが、文法性に問題がない上、意味の変化も生じない。従って、（19）の前件と後件は等位節関係にあることが分かる。一方で、（1）の前後件を交代させた（21）は完全に非文になってしまう。中には非文にはならないが意味が変わってしまうものもあり、neundeの等位節関係は対立がある用例にのみ部分的に見られる特徴だった。

第2章　分類基準　　39

4. 前件命題の希薄化

　最後の分類基準は前件命題の希薄化である。neunde 複文の前件が伝える情報の量と性質は様々である。後件は主節になることが多いため、文の中心的内容や情報が含まれている。その反面、前件はたくさんの情報が含まれていることがあれば、ほとんど情報が含まれていないこともある。後者の場合、前件は文全体の意味とはあまり関係がなく、意味構成にほとんど影響せず、情報の性質も異なる。下の（22）と（23）もそのような場合である。

(22) 죄송한데 좀 크게 말씀해 주세요.

　　　joesongha-nde jom keuge malsseumha-e ju-seyo

　　　すまない - ［neunde］少し 大きく おっしゃる - ［連用］くださる - ［命令］

　　　すみませんが、少し大きい声で言ってください。

(23) 다시 한 번 말하는데 내일 시험은 정말 중요합니다.

　　　dasi han beon malha-neunde naeil siheom-eun jeongmal jungyoha-

　　　bnida

　　　再び 一度 言う - ［neunde］明日 試験 - は 本当に 重要だ - ［丁寧］

　　　もう一度言いますけど、明日の試験は本当に重要です。

　（22）の前件の内容「すまない」は後件の「大きい声で言ってください」に意味を付加したり、影響を与えることなく、文全体の意味構成素になっているとは言えない。むしろ、「大きい声で言ってください」という要求をする前に、聞き手に手間を掛けたり、不快にさせるかもしれないことに対して「すまない」と言っているのである。これは後件の命題内容と関わるというより、後件の発話行為に関わるものだと考えられる。（23）は（22）より前件の内容が増えたかもしれないが、前件の「もう一度言う」は、後件の命題内容「明日の試験は重要だ」に意味を加えるわけではない。前件によって分かるのは、後件の発話が初めてではないこと、これから同じ発話が繰り返されるということである。これも（22）と同じく発話行為自体に関わるもので、前件の命題内容はほとんどなく希薄であると言える*10。このような前件は、中右（1994）の発話行為（D モダリティ）領域や、Sweetser（1990）の三つの domain 中の

speech-act domain に該当するものかもしれない＊11。

　命題内容が希薄な前件は後件の内容と関わりを持たず、文全体の意味構成にも貢献しない。従って、意味論のレベルでの役割はないと考えられるが、前件命題が希薄化して文の意味構成素でなければ、前件がなくても意味内容は変わらないはずである。そこで、（22）と（23）から前件を削除してみた。

（24）（22）を操作

　　　좀 크게 말씀해 주세요.

　　　少し大きい声で言ってください。

（25）（23）を操作

　　　내일 시험은 정말 중요합니다.

　　　明日の試験は本当に大事です。

　（22）と（23）から前件を削除して後件だけを残すと、（24）と（25）のようになる。元の文に比べてみると唐突感は免れないが、伝える内容は変わらない。前件を削除しても文法性と意味構成には影響がないということで、意味論レベルにおいては前件は特に必要ないと言えるかもしれない＊12。他方で、（26）のように前件が必ず必要な neunde 複文もある。

（26）형은 고등학생인데 운동을 잘한다.

　　　hyeong-eun godeunghakseng-i-nde undong-eul jalha-n-da

　　　兄 - は 高校生 - だ - ［neunde］運動 - を 上手だ - ［現在］-［平叙］

　　　兄は高校生だけど、スポーツができる。

（27）운동을 잘한다.

　　　スポーツができる。

（26）から（27）のように前件を削除してみると、まず主語がないことが分かる＊13。そのため、誰について述べているのか分からなくなり、高校生という叙述対象に関する情報も抜けてしまう。この操作で（26）の前件は余剰的ではないこと、文の意味構成素として必要であることが分かる。

　このように、前件を削除して文法性や意味の変化を調べることで、前件の必要性を確認し、希薄か否かを判断する。前件を削除しても変化がなければ、前件は必要ないということで、命題内容が希薄化

していると言える。反対に、変化があれば前件は必要であることで、希薄化していないと判断する。ここまでの議論で分かるように、前件命題の希薄化には、前件が運んでいる情報量と性質が深く関係している。もし前件の情報量が多くなかったり、あまり重要な情報ではない場合、後件だけでもコミュニケーションは十分成立可能である。しかし、情報量が多いか少ないかを述べることが困難な場合もあり、情報の重要度も意味論と語用論のレベルでは異なる。文の意味構成素ではなく意味論的にはあまり意味がないが、語用論的には大事な役割を果たすこともある。このような特徴を踏まえて「前件命題の希薄化」は程度の問題であり、連続性のあるものとして扱うことにする。

5. 本章のまとめ

　以上、neunde 複文の考察から導かれた四項目の分類基準について述べた。第一分類基準は「前提の有無」で、前後件の関係関係を理解するために事態展開の予想や当為判断などが前提になっているか否かを見る。これは第二分類基準「前提との一致」と連動しており、第一分類基準で前提があると判断された用例は、想定された前提と実際の現実を照らし合わせることになる。後件が前提どおりの結果で、現実世界で実現されているのであれば、前提と一致していると判断される。当然、第一分類基準で前提がないとされた用例については一致可否を論ずることができず、第二分類基準とは無関係となる。

　第三分類基準は「対立」の有無で、前後の意味内容に異質性や不一致などの対立的要素が見られるかを確認する。前後件が従属節である場合と等位節である場合があり、取り立て助詞との共起によって対比の意味合いが強く表れる。最後の分類基準は「前件命題の希薄化」である。前件命題が希薄化していれば文の意味構成素ではないため、前件を削除しても意味の変化は生じない。前件の必要性については、前件削除テストで確認できる。

　以上、neunde 複文の分類基準について説明した。次章ではこれ

らの分類基準を用いてneunde用例を分析した結果五つのグループに分かれることを示し、各グループの特徴を確認しながら分類基準の適否を考えてみる。この分類基準はneundeの用例から導かれたものであるが、neundeの使用範囲は非常に広域で、置き換えできる接続表現も多くある。これらによって、neundeの様々な使い方が適切に分類されるのであれば、他の接続表現の分析にも応用できるかもしれない。少なくともneundeに対応するとされている日本語のkedoや、neundeと置き換え可能な接続表現など、使用範囲が重なる形式には適応できるはずである。次の第3章では、まずneundeを通して分類基準の第一次検証を行う。その結果を踏まえて、kedoと他の接続表現に対象を広げ、分類基準の一般性を検証する。

─────────

＊1　前件内容 P から Q であることを前提する関係を P → Q と表記する。
＊2　（1）の用例は後件を過去形にすることはできず、そのような事態を表すためには、他の接続表現を用いることになる。この問題については2節と第3章でケースの特徴として詳しく述べることにする。
＊3　複文とその前提については先行研究でも指摘があった。坂原（1985）は形式論理学に基づき、条件文を中心として理由文と反事実的条件文の関係を捉えた。これを受けて、小泉（1987）と前田（2009）は条件文、理由文、譲歩文を合わせ、論理文としている。論理文の種類と相互関係については、2節で詳しく述べる。
＊4　前後件の命題内容の把握に混乱を招かないため、Q → P の順に表す。同じ前提であるが、前後件の内容が異なるので、（1）の前提「P → Q」とは表記が逆になっている。
＊5　坂原（1985: 117, 121）
＊6　小泉（1987: 4）

＊7　前節でも述べたように、前後件が実現された事態を表す完全な事実文で

第2章　分類基準　　43

は neunde が使えない。

비가 {a. 와서 /b. 오니까 /c. 오기 때문에} 우산을 썼다.

bi-ga w-aseo/o-nikka/o-gittamune usan-eul ss-eoss-da

雨 - が {a. 来る - ので /b. 来る - から /c. 来る - ため} 傘 - を 差す - ［過去］- ［平叙］

雨が {a. 降ったので /b. 降ったから /c. 降ったため} 傘を差した。

＊8　このに複数の段階に及ぶ推論過程は東京大学福井玲教授のコメントによるもので、R の事態の性格や範囲を明らかにする上で非常に参考になった。

＊9　従属節と等位節の判断が難しい場合もある。南（1974）は共起する形式で従属度を判断し、A 類、B 類、C 類に区別した。その中には用法によって分類が異なる形式もあり、neunde もそのような傾向がある。また、従属度には主格の影響もある。田窪（1987）は南（1974）を修正し、対象主格と動作主格で A 類を二種類に分類した。さらに、日本語記述文法研究会（2008）は従属度を連続的に捉えているが、neunde は使い分けによって従属の度合いが変わってくるので、内部的に従属度の連続性があると言えるかもしれない。

＊10　ここで言う「希薄」の意味は文法化の「希薄（bleaching）」とは異なるものであることを示しておく。

＊11　D モダリティとは discourse modality を指す。

＊12　聞き手に対する待遇や後件の円滑な導入など、語用論のレベルでは変化があると考えられるので、その違いについては後ほどケースの分析で詳しく述べる。

＊13　主語をわざわざ表さなくても文脈で十分に分かる時は、韓国語も日本語のように主語を表さないことが多いが、（26）はそのような場合ではない。

第3章

neunde の解釈

　前章では neunde の用例分析で導かれた四項目の分類基準を紹介
し、詳細について述べた。今回扱ったデータの中で見つかった
neunde の用例は、分類基準の該当項目によって分類することができ
た。1 節ではこの分類基準でどのように用例が分けられたかを説
明する。各グループは同じ分類基準で分けられたもので、全て該当
する項目が同じであり、形態・統語・意味的特徴を共有していた。
ここではこれらのグループを neunde が解釈される一つのケースと
して捉え、番号を付けて呼ぶことにする。2 節では各ケースの特徴
を記述することで、今まで明らかにされなかった neunde の振る舞
いを具体的に提示し、ケース間の関連性を探る。さらに、3 節では
neunde の用例全体の中で各ケースが占める割合を算出し、そのよ
うな分布が見られた理由をケースの特徴と合わせて考えてみる。そ
れによって、分類基準の意義と有効性をもう一度確認できると思わ
れる。最後に、4 節では neunde について述べた内容をまとめ、他
形式への適用を模索してみる。

1.　ケース分け

　第 2 章で提示した四項目の分類基準は、「前提の有無」、「前提と
の一致」、「対立」、「前件命題の希薄化」だった。この分類基準の該
当有無によって分類された neunde の用例は、ケース 1 からケース
5 まで分かれる。まず、分類基準の該当状況から各ケースを考えて
みると、neunde 複文のケース 1 は前後件の意味内容の間に事態展
開に関する前提が存在し、それに一致する事態が後件に現れる用例
のグループである。ケース 1 と同じく前提はあるが、一致する結果
が後件に現れないものは、ケース 2 になる。一方、前提はないが前

後件の内容において対立が見られるものはケース3に分類される。また、前件の命題内容が希薄化されているものはケース4、全ての項目に該当しないものはケース5になる。分類基準の該当状況とケース分けを合わせ、下の表にまとめた。

表1　分類基準とケース分け

分類基準				結果
前提	前提との一致	対立	前件命題希薄	ケース
○	○	×	×	1
○	×	×	×	2
×	×	○	×	3
×	×	×	○	4
×	×	×	×	5

　上記の表を見ると分類基準は各々が独立しているわけではなく、相互に関係を持って連動していると考えられる。その一つ目の理由は、「前提有り」が「前提との一致」の必須条件になることである。前提がなければそれと後件事態の一致を述べることはできないため、前提がない用例は必然的に前提と一致しないことになる。逆に言えば、前提がある場合のみ一致可否について言及できるのである。従って、二つの分類基準は切り離せず、上下関係にあると言える。

　二つ目の理由は、「前件命題の希薄化」と他の項目との関係である。前後件の間に前提が存在する場合は、前件と後件にある出来事が現れていて、双方の事態関係において前提が生じる。当然前件にもある出来事が述べられている必要があり、それが前件の命題内容となるため、命題内容の希薄化はあり得ない。また、対立を見せる前後件はそれぞれある出来事を描写したり、ある対象の属性を述べている。その属性や出来事内容が前件の命題内容であり、文全体の意味構成素になっている。要するに、「前提」と「対立」の項目を満たす用例は、同じ理由で前件の命題内容が明確であり、「前件命題の希薄化」の項目には該当しないのである。

　このように、四項目の分類基準はある項目に該当することで他の項目に排他的になったり、他の項目との関わりが含意されるなど、

同等なものとは言えない。これは項目間に存在する上下関係の現われであり、分類基準が階層的構造であることを意味する。分類基準の階層性を裏付ける二つの事実からそれらの関係を捉え直すと、以下のように考えられる。

表2 分類基準の階層性とケース分け

分類基準						分類結果
前提	有	前提との一致	有			ケース1
			無			ケース2
	無	対立	有			ケース3
			無	前件命題の希薄化	有	ケース4
					無	ケース5

　表の左側が分類基準の階層、右側がそれによって分類されたケース分けになる。「前提の有無」は最も大きな基準で、それによって「前提との一致」と「対立」、及び「前件命題の希薄化」の項目の該当可否が含意される。特に、「前提との一致」に該当するためには前提の存在が必須である点で、「前提との一致」という基準は「前提の有無」の下位項目とも言えるだろう。一方、前提がない用例には「対立」と「前件命題の希薄化」という基準が関わるが、こちらの項目は互いに共存することはなく、相補分布的であると考えられる。このような階層性を持った分類基準によってneundeの用例はケース1から5まで分かれた。次の2節では各ケースの特徴を考察する。

2. ケースの特徴

2.1 ケース1

　前提の存在とそれに一致する事態Qが後件に現れることが、ケース1の最も根本的な性質として全ての用例の共通点になる。第2章でも取り上げたが、このような複文を小泉（1987）は理由文（事実文）、前田（2009）は事実的レアリティーの順接として原因・理由文と位置づけた*1。どちらの研究も理由文、原因・理由

文の大まかな特徴は言及されているが、もう少し個別形式の振舞いや特徴と関連付けて説明する必要があるように思われる。以下では述語の違う neunde の用例を用いてケース1の特徴を見る。

（1）평생을 좌우하는 결혼인데 그 정도 투자해야죠.【三】

pyeongsaeng-eul jwauha-neun gyeolhon-i-nde geu jeongdo tujahae-ya-jyo

一生 - を 左右する -［連体］結婚 - だ -［neunde］その 程度 投資する -［当為］-［同意要求］

一生を左右する結婚 {a.* だけど /b. だから /c. なのに} それくらい投資しなくちゃ。

（2）나이도 어린데 혼자서는 안돼.【ベバ】

naido eoli-nde honja-seo-neun andwae

年 - も 幼い -［neunde］一人 - で - は だめ

まだ若い {a.* けど /b. から /c. のに} 一人じゃだめだよ。

（3）한 동네 사는데 아무 때나 만나도 되지.【コーヒー】

han dongne sa-neunde amu ttae-na manna-do doe-ji

同じ 町 住む -［neunde］どんな 時 - でも 会う - ても なる -［同意要求］

同じ町に住んでいる {a.* けど /b. から /c. のに} いつ会ってもいいでしょう。

先に前件について見ると、用例（1）は名詞に指定詞「이다 ida」が接続した名詞述語、（2）は形容詞、（3）は動詞を述語としている。その違いによって、（1）と（2）は「ㄴ데 nde」、（3）は「는데 neunde」と異なる異形態が現れる。述語にテンスの制約などは見当たらなかったが、これはケース1に限られたことではない。ケース1の最も際立つ特徴は、後件の述部に見られるモダリティである*2。

　ケース1の後件には、（1）で見られたように当為性を表す「아/어야 하다/되다 a/eoya hada/doeda*3」、不必要を表す「지 않아도 되다 ji anhado doeda*4」、（2）で用いられている禁止の「(으) 면 안되다 (eu) myeon andoeda*5」などが現れる。これらの評価のモダリティ（deontic modality）は述語に付加された後、さらに文末語尾が加わるのだが、そこにもある特徴が見られた*6。ケース1

48

の文末は全体的に聞き手に働きかける語尾が多用され、命令の「아/어라 a/eola」と依頼の「아/어 주세요 a/eo juseyo」、禁止命令の「지마 jima」などが頻繁に出現する。また、勧誘の「(으)ㅂ시다 (eu) bsida」や「아/어요 a/eoyo」などが、勧誘や婉曲な命令の意味として用いられる用例が見られた*7。最も出現度が高かったものは（1）の文末で見られる「지 ji」で、聞き手に同意や確認を要求する役割をする*8。以上、ケース1で見られたモダリティと文末語尾の特徴は、ケース1の意味構造とどのような関係があるのだろうか。（1）から（3）の意味構造とモダリティの特徴を対応させながら、相互の関連性を考えてみる*9。

(4)（1）の意味構造（結婚費用を惜しむ客に）

前提「大事なことには投資する」

推論　P1：結婚は一生を左右する⇒P2：大事なこと⇒Q：投資する

解釈　평생을 좌우하는 결혼（은 아주 중요하）neunde 그 정도 투자해서야죠.

一生を左右する結婚（はとても大事だ）からそれくらい投資しなくちゃ。

(5)（2）の意味構造（後輩を手伝うことを迷っている夫に）

前提「経験の少ない人は助けが必要だ」

推論　P1：まだ若い⇒P2：経験が少ない⇒Q1：助けが必要だ＝Q2：一人はだめだ

解釈　아직 나이도 어린（사람이라 경험도 없）neunde（도움이 필요해서）혼자서는 안돼.

まだ若い（人で経験が少ない）から（助けが必要で）一人ではだめだ。

(6)（3）の意味構造（帰国の挨拶に行くように催促する母に）

前提「簡単に会えるなら急がなくてもいい」

推論　P1：同じ町に住んでいる⇒P2：簡単に会える⇒Q1：急がなくてもいい⇒Q2：いつ会ってもいい

解釈　같은 동네 사（니까 쉽게 만날 수 있）neunde（서두를 것 없이）아무 때나 만나면 되지.

同じ町に住んでい（て簡単に会え）るから（急がないで）
いつでもいいでしょう。

　用例（1）は（4）のような意味構造が考えられる。（1）は結婚
にお金を掛けることを躊躇う客に助言するウェディングプランナー
の発話である。前後件の間には「大事なことであれば投資する」と
いう前提が考えられ、前件の「P：一生を左右する結婚」から、
「結婚＝大事なこと」という判断が導かれる。そこから話し手は
「Q：投資する」という結論を導き出し、後件には「投資しなくち
ゃ」とQの命題内容に当為のモダリティと確認要求の語尾を加え
たことで、Qという帰結が妥当であることを強く主張しているので
ある。

　次の（2）は後輩を手伝うかどうか迷っている夫に対する妻の発
言で、その仕組みは（1）と大きく変わらない。（5）に示された意
味構造を見ると、前件の「P1：まだ若い」から推論を行い、「P2：
経験が少ない」と認識できる。そこから「経験が少ない人は助けが
必要だ」という前提を導き出し、それに一致する結果「Q1：助け
が必要だ」が後件に現れることを期待する。そして、実際後件に現
れているのは、Q1をもう一度推論した「Q2：一人ではだめだ」で
あり、推論を重ねた判断を述べているのである。

　最後の（3）も前後件の関係以外に、前件と後件自体が推論の段
階を経る。（6）で示されているように、（3）の前件「P1：同じ町
に住んでいる」から「P2：簡単に会える」状況であることを認識
し、「簡単に会えるなら急がなくてもいい」と判断する。そこから
期待されるのは「Q1：急がない」という事態で、もう一度推論を
行った結果「Q2：（会うのは）いつでもいい」という結論が導かれ
る。また、話し手は後件を前提に沿う妥当な結論として認識してい
るため、聞き手に同意を要求することができる。さらに、後件の文
末に否定疑問形式を用いることによって、聞き手にその妥当性をも
う一回強調、確認する用例もあった。このように、話し手は事態把
握と推論によって後件の内容を期待し、その妥当性を主張するので
ある。

　ここまでケース1の用例を考察した結果、これまで指摘されてい

50

ない特徴が二つ分かった。その一つは、後件に当為性を表すモダリティ形式が頻繁に見られる点である。もう一つは、意志を表す表現、命令や勧誘形語尾、同意や確認を求める語尾「지 ji」の使用である*10。意志を述べるということは、話し手が左右することのできる事柄について、今後どのような行動をするか自分の決意を語るものである。また、命令や勧誘は聞き手によって左右される事柄について、聞き手をある方向に仕向けるためのものである。即ち、話し手と聞き手で対象は異なるが、前者は話し手自身に対する働きかけ、後者は聞き手に対する働きかけであると考えられる。また、「지 ji」を用いて聞き手に同意や確認を求めることも聞き手の認識を仕向けるものなので、相手を促すという特徴は同じである。そのため、意志表示、命令や勧誘、確認要求を全て働きかけの表現として扱うことにする。

この働きかけ性と前述した当為性の表示は、ほとんどのケース 1 の用例に、どちらか一方は必ず現れており、一緒に現れることもあった*11。これらはケース 1 の neunde を用いるための必須的要素で、その意味構成に決定的な役割をすることは明らかである。このような neunde 複文の特徴は、従来の研究では指摘されなかったものである。研究対象である neunde 自体に集中してしまい、後件の文末語尾や共起する構文などには考察がされないまま、重要な特徴を見逃していたのではないだろうか。本書では考察対象と共起する形式を一緒に把握することで、今まで指摘されなかった neunde の特徴を発見することができた。

このような当為性と働きかけ性が neunde 複文に現れる理由は何だろうか。その答えを探すためには、ケース 1 の前後件の意味構造に注目する必要がある。前述したように、ケース 1 の前後件事態は無関係なものではなく、前提が存在し、互いに何らかの関係があると想定される。話し手は前件内容 P から、Q という結果が現れると予測し後件に Q を期待する。これは話し手にとって自然で正しいと思われる事態の流れであるため、P と Q の事態展開の当為性を訴えることができる。期待される結果 Q を自分で起こせるのであれば自分の意思を述べ、聞き手が起こせるのであれば聞き手を仕向け

第 3 章　neunde の解釈　　**5 1**

る。また、自分が正しいと思ったり、そうなるだろうと思うことについて、聞き手にも同じ認識を持ってほしいという願望があるため、同意・確認要求の語尾を加えるのである。その際に、neunde を含む前件を加えることによって、前提を正当化するのではないだろうか。つまり、ケース 1 の neunde 節は後件の主張や要求、結論を円満に出すための装置、あるいは後件の主張が成り立つための理由や根拠になるのである。このような効果は前件と後件の意味構造と、モダリティ要素、語尾の組み合わせによる結果だと思われる。

　ここまで話し手が積極的に自分の前提を正当化したり、主張する理由はどこにあるのだろうか。それは先ほどの例文の発話状況から推測できる。(1) は結婚費用を惜しみ節約しようとする女性へのアドバイスであった。話し手であるウェディングプランナーは、「結婚には投資すべき」という前提を持って、お金を掛けることを期待している。しかし、聞き手は同じ考えを持っていないため、話し手は自分が思うような結果が起きないことを危惧し積極的に聞き手に働きかけているのである。(2) と (3) も同じく、話し手の信念と前提に合わないことを聞き手が主張している場面だった。要するに、ケース 1 は話し手はある前提を持っているにも関わらず、その前提がまだ叶っていない状態、あるいは前提に反する方向へ事態が展開する恐れがあることが使用条件になる。そのため、話し手は neunde 節を用いて理由や根拠を提示しながら、自分の期待する結果が起きるように、当為性を述べたり聞き手に働きかけながら誘導するのである＊12。

　このような特徴のため、neunde のケース 1 は「니까 nikka」に置き換えられる＊13。「니까 nikka」は後件の文末形式に制限がないため、働きかけの文末形式が多いケース 1 の neunde と置き換えられた。「니까 nikka」が理由・原因を表す接続語尾であるため、ケース 1 は順接の関係であると思われやすいかもしれない。実際、ケース 1 の neunde の前後件も順接の事柄が並んでいる。しかし、後件は常に未実現の状態で、現実は前提と逆の状況である点からケース 1 は完全な順接関係ではないことが分かる。さらに、理由・原因の接続語尾として「아/어서 a/eoseo」がある＊14。「아/어서 a/eoseo」

52

は後件に勧誘や命令形など、働きかけ性のある文末形式が現れない
という強い統語的制約がある。その点が neunde との置き換えに大
きく影響することが、下の例から確認できる。

(7) 비가 {a. 오는데 /b. 오니까 /c. * 와서} 택시를 탑시다.

bi-ga {a.o-neunde/b.o-nikka/c.*w-aseo} taegsi-leul ta-bsida

雨 - が 来る - {a.neunde/b.nikka/c.*aseo} タクシー - を 乗る - [勧誘]

雨が降っている {a.* けど /b. から /c. ので} タクシーに乗り
ましょう。

(8) 비가 {a.?? 오는데 /b. 오니까 /c. 와서} 택시를 탔다.

bi-ga {a.??o-neunde/b.o-nikka/c.w-aseo} taegsi-leul ta-ss-da

雨 - が 来る - {a.??neunde/b.nikka/c.aseo} タクシー - を 乗る - [過去]
- [平叙]

雨が降っていた {a.* けど /b. から /c. ので} タクシーに乗っ
た。

(9)（1）を操作

평생을 좌우하는 {a. 결혼인데 /b. 결혼이니까 /c.?? 결혼이어서} 투
자해야 돼요.

{a. gyeolhoninde/b. gyeolhoninikka/c.??gyeolhonieoseo}

(10)（3）を操作

한 동네 {a. 사는데 /b. 사니까 /c. * 살아서} 아무 때나 만나지.

{a. saneunde/b. sanikka/c.*salaseo}

(7) はケース1に相当するもので、文末は勧誘形「ㅂ시다 bsida」
である。b のように neunde を「니까 nikka」に置き換えても問題な
いが、c は「아 / 어서 a/eoseo」が持っている制約のため、非文にな
ってしまう。しかし、(8) のように、後件を過去形にして実現し
た事態として表すと「아 / 어서 a/eoseo」は使える。その反面、
neunde は元の意味から変わってしまい、意味不明になってしまう。
強いて理解するなら、「雨が降っていれば普通はタクシーに乗らな
いのに今回は例外的に乗った」という解釈ができるかもしれないが、
一般的なものとは言えない。これらの点から neunde のケース1は
実現した順接の事態関係を接続することはできず、未実現の事態の
みに限られていることが分かる。

第 3 章　neunde の解釈　　**53**

さらに、今回の調査では「아/어서 a/eoseo」の使用に勧誘と命令形以外にも制約があることを確認した。(9) と (10) の文末形式は勧誘や命令でないにも関わらず、「아/어서 a/eoseo」への置き換えはできない*15。(9) で用いられている当為性の「아/어야 하다/되다 a/eoya hada/doeda」と (10) の確認要求の「지 ji」も、「아/어서 a/eoseo」の後件には使えないためだと考えられる。要するに、「아/어서 a/eoseo」は聞き手への働きかけ性や当為性のモダリティと共起できないのである。ところが、neunde のケース1にはこのようなモダリティや文末形式が頻繁に現れ、単純な叙述文は現れなかったため、「아/어서 a/eoseo」には置き換えられず「니까 nikka」に置き換えられるのである。以上、neunde のケース1の意味構造を当為性と働きかけ性と関連付けて記述し、他の接続語尾との相互関係について述べた。このような特徴が揃った時、neunde を含む前件は後件を裏付ける理由や根拠として、その説得力を高める役割をすると考えられる。

2.2　ケース2

ケース2は「前提有り」に該当するが、「前提との一致」には該当しない用例のグループである。分類基準の該当状況から分かるケース2の主な特徴は、前後件の内容から生じる前提があって、それに反する事態が後件に現れるという点である。以下では例文を見ながらケース2の特徴をより詳しく考察する。

(11) 바이올린 한 지 17년인데 공연은 거의 못 해 봤어. 【ベバ】

baiollin han ji 17nyeon-i-nde gongyeon-eun geoui mos ha-e bw-ass-eo

ヴァイオリン する-[連体] 以来 17年-だ-[neunde] 公演-は ほとんど[不可能] する-[連用] みる-[過去]-[平叙]

ヴァイオリンを初めて 17 年になる {a. けど/b. のに}、公演はほとんどしたことない。

(12) 저도 오기 싫은데 할머니랑 엄마가 가래서 왔어요. 【コーヒー】

jeodo o-gi silh-eunde halmeoni-lang eomma-ga ga-la-eseo w-ass-eo-yo

私-も 来る-こと 嫌い-[neunde] おばあちゃん-と お母さん-が 行く-[命令]-[理由] 来る-[過去]-[平叙]-[丁寧]

54

私も来たくなかった {a. けど /b. のに}、おばあちゃんとお母さんに言われて来たんですよ。

(13) 이혼하면 끝인 줄 알았는데 자꾸 만날 일이 생긴다 .【恋愛】

ihonha-myeon kkeut-i-n jul al-ass-neunde jakku manna-l il-i saenggi-n-da

離婚する - [仮定] 終わり - だ - [連体] だろうと 分かる - [過去] - [neunde] しきりに 会う - [連体] 用事 - が できる - [現在] - [平叙]

離婚すれば終わりだと思った {a. けど /b. のに}、しきりに会う用事ができる。

まず、前件の述語の種類を見ると、(11) は名詞述語、(12) は形容詞、(13) は動詞が用いられており、それぞれに合う neunde の異形態が使われている。(11) と (12) は現在、(13) は過去先語末語尾「았 / 었 ass/eoss」があるので、述語の種類、テンスやアスペクトの特徴はないことが分かる。後件においても統語的制約は見当たらず、ケース 1 のように特定のモダリティ形式が頻繁に伴われることもなかった。また、neunde のケース 2 は置き換え可能な形式が二つ存在する。

(14) 회계 부정 사태가 일어났는데도 5 일 연속 주식을 사들였다 .【中央】

hoegye bujeong satae-ga ileona-ss-neunde-do 5il yeonsog jusig-eul sadeuly-eoss-da

会計 不正 事態 - が 起きる - [過去] - [neunde] - も 5 日 連続 株 - を 買い付ける - [過去] - [平叙]

会計不正疑惑が起きたが、5 日連続で株を買い付けた。

(15) 일어났 {a. 는데도 불구하고 /b. 지만} 주식을 사들였다 .

起きた {a. にも関わらず /b. が}、株を買い付けた。

ケース 2 の一部は、(14) のように neunde に「도 do」が加えられた「는데도 neundedo」の形で現れたが、これはケース 2 以外では見られない特徴だった*16。また、「도 do」が付いていない用例に「도 do」を加えても、文法性や意味の変化がない場合もあった。さらに、(14) a のように「불구하고 bulguhago」を加えることで、

譲歩の意味が一層強くなる。もう一つ、置き換え可能な表現は「지만 jiman」である。韓国語学習者にとって、neunde と「지만 jiman」は非常に類似した形式として捉えられる傾向がある。ところが、今回の調査では全てのケース2が「지만 jiman」に置き換えられるわけではないことが分かった。特に、疑問文は置き換えができず、「지만 jiman」の先行研究でも疑問文ではあまり用いられないことが指摘されている*17。これは neunde と「지만 jiman」の関係によるものと言うより、「지만 jiman」の性質ではないかと思われる。しかし、両形式の異同については他のケースも視野に入れて詳しく考察する必要がある*18。以下では先ほどの（11）から（13）の意味構造を分析してケース2の特徴をさらに詳しく考察する。

(16)（11）の意味構造

　　　前提「演奏歴が長ければ公演の経験も豊富だ」

　　　推論　P1：ヴァイオリンを始めて17年経った⇒P2：演奏歴が長い⇒Q1：公演の経験が豊富↔～Q：ほとんどできなかった

　　　解釈　바이올린 시작한 지 17년이 (라 오래 됐) <u>neunde</u> 공연은 거의 못 해 봤어.

　　　ヴァイオリン始めて17年（で長い）<u>けど</u>公演はほとんどしたことない。

(17)（12）の意味構造

　　　前提「したくないことはしない」

　　　推論　P：来たくない⇒Q：来ない↔～Q：来る

　　　解釈　저도 이 방 오기 싫 (어서 안 오려고 했) <u>neunde</u> 할머니랑 엄마가 가래서 왔어요.

　　　私もこの部屋来たくない（から来るつもりじゃなかった）<u>けど</u>おばあちゃんとお母さんに言われて来たんです。

(18)（13）の意味構造

　　　前提「離婚すればその人との関係は終わる」

　　　推論　P1：離婚する⇒Q1：その人との関係は終わる⇒Q2：会わない↔～Q：会う用事ができる

解釈　이혼하면 끝이 (니까 안 만날 줄 알았) <u>neunde</u> 자꾸 만날 일이 생긴다.

離婚すれば終わりだ（から会わない）と思った<u>けど</u>しきりに会う用事ができる。

（11）の意味構造は（16）のように考えられる。前件の内容から「演奏歴が長ければ公演の経験も豊富だ」という前提が生じる。これによって「Q：たくさんの公演を経験した」という結果が予想されるが、後件には「〜Q：ほとんどできなかった」という事態が述べられている。（12）も（17）に示されたように、「したくないことはしない」という事態関係が考えられる。ところが、それに反する「〜Q：来る」という事態が展開されていて、後件には〜Qの事態とともにその理由「おばあちゃんとお母さんに言われて」が提示されている。一方、（13）は「離婚すればその人との関係は終わる」という前提が成り立ち、「関係が終わる」ということには「会わない」、「連絡を取り交わさない」なども含まれている。ところが、後件には「会う用事ができる」と述べられていて、予想される帰結Qとは食い違ったものである。

このようにケース2は前件から生じる前提と、それに食い違った後件の事態を表す。しかし、食い違いは一つのパターンではなく、いくつかの場合が考えられる。前章で分類基準を説明した際に、前提に一致しない事態展開は三種類あり得ると述べたが、文の種類を加えて再度分けてみた。

表3　ケース2の事態展開

前提：P ⇒ Q		
叙述文	事態展開	疑問文
PなのにQではない。	P ⇒ 〜Q	Pなのに {Qではない/なぜQではない} のか？
PではないのにQだ。	〜P ⇒ Q	Pではないのに {Q/なぜQ} なのか？
PなのにRだ。	P ⇒ R	Pなのに {R/なぜR} なのか？

「P ⇒ 〜Q」、「〜P ⇒ Q」、「P ⇒ R」と事態展開は様々だが、前提に

反しているという点は全てに共通している。前提と現実に食い違いがあるケース2の事態展開について、話し手はそのまま述べることもできるが、意外性や驚きを表すこともあり、疑問文で予想と違う事態展開について事実関係や理由を問うことができる。さらに、疑問文の中には事態展開への不満や非難、反語の意味合いを表す用例があったが、これは neunde ではなく疑問文形式の派生的な意味だと考えられる。ケース2の文末語尾は叙述文と疑問文の二つのみで、勧誘と命令は現れなかった＊19。ケース2の用例で具体的にどのように疑問形式が用いられているか下の用例を挙げて説明する。

(19) 두 달만 더 부으면 만기인데 정말 해약하시겠어요 ? 【ベバ】

du dal-man deo bu-eumyeon mangi-i-nde jeongmal haeyagha-si-gess-eo-yo ?

二 月 - だけ もっと 入金する - ［仮定］満期 - だ - ［neunde］本当に 解約する - ［尊敬］ - ［意向］ - ［疑問］ - ［丁寧］

あと二ヶ月で満期 {a. だけど /b. なのに} 本当に解約されますか？

(20) 너희 오빠한테 연락했는데 왜 네가 나왔어 ? 【コーヒー】

neohui oppa-hante yeonlagha-ess-neunde wae ne-ga naw-ass-eo ?

君の 兄 - に 連絡する - ［過去］ - ［neunde］なぜ 君 - が 出てくる - ［過去］ - ［疑問］

君のお兄さんに連絡した {a. けど /b. のに} なぜ君が来たの？

(21) 애가 넘어졌는데 어른이 보고만 있어요 ? 【ありがとう】

ae-ga neomeojy-eoss-neunde eoleun-i bo-go-man iss-eo-yo ?

子ども - が 転ぶ - ［過去］ - ［neunde］大人 - が 見る - ［連用］ - だけ いる - ［疑問］ - ［丁寧］

子どもが転んだ {a.?? けど /b. のに} 大人が見ているだけですか？

　例えば、(19) は「P ⇒ Q：満期に近い積立預金は最後まで続ける」という前提があり、「Q：続ける」が予想される。しかし、前の発話で聞き手が「〜Q：解約する」と伝えたので、話し手は「本当に〜Q なのか」と真偽を問うのである。一方、(20) は Q とは全

く別の事象Rが起きている。ある人を呼び出したら別の人が来た
場面は、「R：別の人が来る」、即ち「～Q：呼び出した人が来な
い」になる。話し手は意外な事態展開について、疑問詞疑問文「な
ぜR：なぜ君が来たの」と理由を聞いている。この場合、単純に理
由を聞くとも考えられるが、イントネーションや態度によっては、
聞き手を非難する意味合いで理解される。今回ケース2の疑問文で
は非難や反語の意味合いを持つ用例が多数見つかった。（21）は
（20）より非難の意味が強く感じられるが、話し手は「P⇒Q：子
どもが困っていたら大人は助けるべきだ」という当為判断をしてい
る。相手がそれに従う行為をしないため、「～Q？：助けないのか」
と疑問を投げると同時に非難の意味をこめているのである。このよ
うに非難の意味合いが強くなると、日本語ではkedoは使用できず
ノニを用いることになる。さらに、疑問文の反語的用法でより複雑
な用例もあった。

(22) 전화 한 통이면 끝나는 일인데 뭐가 고마워？【ベバ】

　　 jeonhwa han tong-i-myeon kkeutna-neun il-i-nde mwogagomaw-o

　　 電話 一 本 - だ - [仮定] 終わる - [連体] こと - だ - [neunde] 何 - が

　　 ありがたい - [疑問]

　　 電話一本で終わることなのに何でお礼を言うの。

(23)（22）の伝達内容

　　 전화 한 통이면 끝나는 일인데 고마워 할 필요 없어．

　　 電話一本で終わることだからお礼は要らない。

(24) 케이크랑 초콜렛 만드는 게 직업인데 안 뚱뚱하고 배겨？【三】

　　 keikeu-lang chokolles mandeu-neun ge jigeob-i-nde an ttungttungha-
　　 go baegy-eo？

　　 ケーキ - と チョコレート 作る - [連体] ことが 職業 - だ - [neunde] 否
　　 定 太っている - [連用] 耐える - [疑問]

　　 ケーキとチョコレート作りが職業なのに太らず耐えられる
　　 かよ。

(25)（24）の伝達内容

　　 케이크랑 초콜렛 만드는 게 직업인데 뚱뚱할 수 밖에 없지．

　　 ケーキとチョコレート作りが職業だから太っていて当然だ

よ。

　（22）の話し手は聞き手の頼みを承諾し聞き手からお礼を言われた。「何がありがたい」と返しているが、ここで話し手は本当に聞き手が何について感謝しているのか知りたいのだろうか。恐らく、（22）の本当の意味は（23）であると考えられ、話し手は「Q：お礼は要らない」と伝えたかったのである。話し手は「P ⇒ Q：小さい頼みであればお礼を言わなくてもいい」という考えを持っており、「Q：お礼を言わない」事態を期待していた。聞き手の発話が前提と食い違っているので、「何が〜Q？：何がありがたいのか」と言ったのである。表現上は「P ⇒疑問詞〜Q？」となっていても、一般的には話し手が「Q」を強く訴えているとすぐに分かる。

　疑問詞を持たない疑問文も、もちろん反語の意味が表せる。（24）の話し手は太っていると指摘されたことに対して、「P ⇒ Q：スイーツ作りが仕事なら太る可能性が高い」という前提を前面に出す。「Q：太っていて当然だ」と自分の考えが正しいことを相手に強く伝えるために、「〜Q：太らずに耐えられるか」と表現しているのである。〜Q に相当する相手の発言に、疑問文形式を用いて異議を唱えることによって、Q の妥当性を訴えるものだと考えられる。

　このように、疑問文で反語や非難の意味合いを伝えるのは、韓国語ではよく見られる表現様式である。これは neunde の使用に関わらず広く見られる現象で、妥当性、整合性を主張する際に用いられるストラテジーの一つである。neunde 複文に限定した考察で上記の結果が出たが、これに関しては韓国語疑問文全体の意味・用法と関連付けて考える必要があると思われる。

　ところが、反語的意味を派生するケース 2 の用例で、話し手が言いたいのは Q であるとすると、結局ケース 1 と同じではないかという疑問が生じる。ケース 1 は「P ⇒ Q」の事態を表し後件が働きかけ性を帯びることから、聞き手にそれに従った行動を取るように誘導するものであった。他方で、ケース 2 は「P ⇒〜Q」の事態展開を述べることが基本で、驚きや納得できない気持ちを伝えたり、疑問形式で「〜Q」である理由を問いかける。両者の共通点は、前提に反する〜Q の事態が起きようとしたり、起きた状況における発

話ということである。そして、話し手が最終的に伝えたいのは「Q
が正しい」、「Qであるべき」ということも共通している。しかし、
同じ発話状況で、Qの事態を主張するために両者が取る方法は異な
る。ケース1は当為性と働きかけ性を前面に出し、再びQの事態
へと聞き手を仕向けようとする反面、ケース2は〜Qの事態につい
て述べたり問いかけるのである。ケース2に非難や反語の意味合い
が加わるのは、後件の疑問文形式に起因するものであり、ケース1
が後件の働きかけ性の付加によって特徴づけられることと類似して
いるかもしれない。

　ここまで述べたように、ケース2は叙述文か疑問文かによって表
現の様式が異なるが、話し手の期待どおりの事態が起きず、前提に
反する〜Qの事態を言語化している。ケース1と2の後件に言語化
されている事態は、「前提との一致」項目の該当状況は反対になっ
ているが、発話状況においては類似性が高く、どちらも共起する形
式によってケースの特徴が明らかになる。neundeという単独の形
式が非常に広範囲の接続ができる理由はここにあるのではないだろ
うか。以上、ケース2の特徴をまとめると、前提から外れた事態展
開について叙述文としてその事態展開を述べたり、それに対する驚
きや不満を表すことができる。また、疑問文になると事態展開の事
実関係や理由を尋ねたり、二次的意味として非難や反語の意味合い
が生じることがある。

2.3　ケース3

　ケース3の用例は従来の研究でneundeの代表的な用法として頻
繁に取り上げられた。分類基準によって分けられたケース3は、話
し手に「前提」はないが、前後件の内容に「対立」が見られる用例
の集合である。従来の研究でよく取り上げられたタイプの例文と、
今回の分析で見つかった用例を見ながら、ケース3の特徴を分析す
る。

(26) 영수는 공부를 잘하는데 철수는 못한다.

　　　yeongsu-neun gongbu-leul jalha-neunde chulsu-neun mosha-n-da

　　　ヨンス-は 勉強-を できる-[neunde] チョルス-は できない-[現在]

- ［平叙］

　　ヨンスは勉強ができる<u>けど</u>チョルスはできない。

　今まで報告された典型的な形は、（26）のように簡単で内容もきれいにまとまったものしかなかった。（26）は「ヨンス」と「チョルス」が「勉強」という対比項目に関してどのように違うかを、対立的な意味の述語の間に neunde を挟んで述べている。ここで主体は「ヨンス」と「チョルス」の二人で、対比される内容は「勉強」一つに制限されている。非常に単純な構造で分かりやすい文だが、このような用例は今回の分析ではあまり見られなく、むしろ珍しい方だった。下の（27）から（30）のように、やや複雑で対比項目が鮮明に立てられていないものが、対比の一般的な形かもしれない。

（27）처음 본 <u>것은</u> 오래 전<u>인데</u> 관심을 가지고 본 <u>것은</u> 최근<u>부터</u>다.【検索】

　　cheoeum bo-n geos-eun olae jeon-i-nde gwansim-eul gaji-go bo-n
　　geos-eun choegeun-buteo-da

　　初めて 見る-［連体］こと-は 長く 前-だ-［neunde］関心-を 持つ
　　-［連用］見る-［連体］こと-は 最近-から-だ

　　初めて見<u>たのは</u>ずいぶん前<u>だけど</u>、興味を持って見<u>たのは</u>最近だ。

（28）캡틴 언닌 신참들한테 못되게 구는 게 밉<u>긴</u>한데 속이 훤히 보이니까 어쩔 맨 귀여워요.【三】

　　kaebtin eonni-n sincham-deul-hante mosdoege gu-neun-ge mib-gi-n
　　ha-nde sog-i hwonhi boi-nikka eojjeol　　ttae-n gwiyeow-o-yo

　　キャプテン 姉-は 新人-［複数］-に　　悪く 振る舞う-［連体］-こ
　　とが 憎い-［名詞化］-は する-［neunde］中-が 明るく 見える-から
　　ある 時-は 可愛い-［平叙］-［丁寧］

　　キャプテンは新人に意地悪で憎い<u>けど</u>、考えていることが丸見えで可愛い時もあります。

（29）일반인은 잘 모르<u>는데</u> 음악인들 사이에서는 정말 유명해요.【ベバ】

　　ilbanin-eun jal moleu-neunde eumagin-deul sai-eseo-neun jeongmal
　　yumyeongha-e-yo

62

一般人 - は よく 分からない - ［neunde］音楽人 - ［複数］間 - で - は 本
当に 有名だ - ［平叙］ - ［丁寧］

一般の方はよく知らないけど音楽やってる人の間では本当
に有名です。

(30) 다른 건 싫증이 났는데 초등학교 5 학년 때 배우기 시작한 발레는
적성에 맞았어요 .【中央】

daleu-n geo-n silhjeung-i na-ss-neunde chodeunghaggyo 5hagnyeon
ttae baeu-gi sijagha-n balle-neun jeogseong-e maja-ss-eo-yo

異なる - ［連体］こと - は 飽き - が 出る - ［過去］ - ［neunde］小学校 5
年生 時 習う - ［名詞化］始める - ［連体］バレエ - は 適性 - に 合う
- ［過去］ - ［平叙］ - ［丁寧］

他はすぐ飽きたけど小学校 5 年生の時習い始めたバレエは
私に合っていました。

　前件の述語は（27）の名詞述語、（28）の形容詞、（29）と
（30）のように動詞述語が現れ、現在と過去形を用いることができ
る。名詞述語は可能ではあるが今回のデータでは見つからず、
（27）はインターネット検索で見つけたものである。ある対象の属
性を比べることが主な特徴であるため、名詞述語は現れにくいのだ
と思われる。また、前件と後件の述語は、意味的に対立する名詞や
形容詞、肯定と否定が並べられた。それ以外に節全体が対立的意味
合いを持つ用例もあった。上記の用例の意味構造を分析しながら
ケース 3 の特徴をより詳しく見てみよう。

　（27）はあるピアニストのインタビューで舞踊に対する意識の変
化について述べている。「初めて接したこと」と「関心を持って接
したこと」で関わり方の変化と、時期が異なることが述べられてい
る。対立的な意味の名詞句によって、対比の効果が生まれたと考え
られる。一方、（28）はある人物に対する話し手の感情が対比され
ている。対象人物と認識の主体である話し手は固定されている要素
で、話し手の感情は「憎い」と「可愛い」で対立的である。この述
語の対立によって、対象人物に対する話し手の感情が時によって異
なる、二面的であることが対比されることになる。これも（27）
と同様、語彙の意味によるものと言えるだろう。

上の二つの用例と違って、（29）は前件の述語が動詞、後件は形容詞で、述語の種類は揃っていない。「一般の人」と「音楽をやっている人たち」という異なる主語が前件と後件で用いられている。そして、ある人物について、前件では「一般の人はよく知らない」、後件では「音楽をやっている人たちには有名だ」と述べられている。つまり、ある人物の認知度という項目が、認識主体によって異なることを前後件で対比しているのである。前件の動詞「모르다（知らない）」と後件の形容詞「유명하다（有名だ）」は、動詞と形容詞で文法的には異質的なものである。しかし、ある対象に対する認識状態を述べる上では対立する意味で解釈されるので、ケース 3 の他の用例と異なるものではない。最後に（30）はどちらの述語も動詞の過去形で、バレエとその他の習い事に対する話し手の過去の態度が述べられている。対立的意味を持つ「他の習い事はすぐ飽きた」と「バレエは適性に合った」を並べ、自分の興味と習い事に向き合う態度が、対象によって違っていたことを比べている。

　これまでの用例を見ると、対比される項目は一つに決まっていて、他の要素は全て固定されていることが分かる。文を構成する要素はいくつもあるが、複数の要素を同時に比べることはできない。従って、対比する項目を決めたら、それだけを変数として残し、他の要素は変数にならないように操作しなければならないのである。その方法として用いられたのが、変数を除いた他の要素を既定にすべく全て固定することである。前述の用例から対比項目のみを抽出すると、（27）は時期、（28）は感情、（29）は認知度、（30）は態度であり、これらについて対立的意味を持つ述語が並べられていた。他の要素は決まった物や人物で、単数でも複数でも良いが、変数にならないように明確に提示されなければならない。

　もう一つ、ケース 3 を特徴づけるものは、取り立て助詞「은/는eun/neun」である[20]。今回見つかったケース 3 の用例は「은/는eun/neun」と共起することが多く、対比的な要素を持っている主体に付加されていた。（27）は態度（初めて見た/興味を持って見た）、（28）は時（人をいじめる時/時々）、（29）は認識主体（一般人/音楽家）、（30）は習い事（バレエ以外/バレエ）を固定し、

「은/는 eun/neun」で対比点のある項目としてマークしている。その上で、述部で対義語や肯定/否定など、対立的意味の述語を用いて異質的特徴を述べている。この共起関係は従来の研究で取り上げられた例文にも見られるが、あまり深く言及されず見過ごされてきた。しかし、これは対比項目以外を固定すること、述語の対立とともにケース3の大事な特徴だと思われる。

　ここまでの分析を通じて、ケース3において対比項目の操作や「은/는 eun/neun」との共起、述語の対立的意味の役割は neunde よりも大きいような印象を受ける。それを確かめるために、前件と後件を neunde なしの単文で並べてみても、対比の意味は十分伝わり、元の文と意味の差はほとんど感じない。従って、neunde ではなく上記の三点——対比項目の操作、述語の対立、取り立て助詞——が対比の効果を生み出している実質的要素であることが分かる。

　さらに、もう一つ確認すべき点は、ケース2とケース3の区別である。ケース2の食い違いとケース3の対立は一見似通っているかのように見えるかもしれない。しかし、両者は話し手に前提があるか否かで区別され、分類基準からみれば根本的なところから異質的である。ケース2は前件の内容から事態の流れについてある前提が生じるので、前件のPがQの事態を期待するきっかけになったと言える。そこで前提に反する事態が起きたため、前提と結果事態において食い違いがあると前述した。ところが、ケース3はケース2のような前提は考えられなく、前件は認識や事態を引き起こすものではない。ケース2は前提と後件事態が食い違っているが、ケース3は単純に異質的な性格であることから前後件が対立するのである。このような理由から、ケース3の用例には前件と後件の配置を換えても自然な場合が多い。また、対比の効果を強化する副詞「반대로 bandaero（反対に）」や「반해 banhae（逆に）」が共起できる特徴も、ケース3の性質が反映されたものだと思われる。以上、ケース3の特徴は「対比項目の操作」と「述語の対立」、「은/는 eun/neun」との共起であると言える。

2.4 ケース4

ケース4は四項目の分類基準の中で「前件命題の希薄化」に該当する用例の集まりである。命題内容が希薄なので前件は文全体の意味構成には関わらない。しかし、ケース1と2のように前提を持つためにも、ケース3のように対立が成り立つためにも、前後件は明確に示されている必要がある。従って、「前件命題の希薄化」に該当するということは、「条件関係」や「対立」を論ずることはできないこと、他の項目には該当しないことを含意するのである。分類基準ではこのような特徴があるが、具体的なことは下の用例を見ながら説明する。

(31)죄송한데요, 나중에 다시 오시겠어요?【ありがとう】

joesongha-nde-yo najung-e dasi o-si-gess-eo-yo

すまない-[neunde]-[丁寧] 後-に 再び 来る-[尊敬]-[意向]
-[疑問]-[丁寧]

すみませんが、後でもう一度来て下さいませんか?

(32)다시 한 번 얘기하는데 이건 연구용이지 베끼는 용이 아니거든요.【ブドウ】

dasi han beon yaegiha-neunde igeo-n yeonguyong-i-ji bekki-neun
yong-i ani-geodeun-yo

再び 一回 話す-[neunde] これ-は 研究用-だ-[接続] 写す-[連体]
用-が 違う-から-[丁寧]

もう一回言うけど、これは研究用で盗用するためじゃないですから。

今まで見てきたケース1から3まで強い統語的制約はなかったが、主語や述語の種類における特徴やモダリティ形式の共起関係には傾向があった。ケース4は前件の主語が一人称で、後件は二人称主語であることが多かった。述語は前件と後件に関わらず形容詞、動詞、名詞述語が幅広く現れ、後件は勧誘、命令の文末形式や二人称主語、即ち聞き手に働きかけるものが多かった*21。例えば、(31)の例文は前件の主語が一人称で、後件では疑問形式を用いて聞き手に出直してほしいと要請している。(32)も前件の主語が一人称で、同じ発言が過去にあったことを言及した後、自分の主張を後件でもう

一度述べている。（31）と（32）は後件の要請や主張が話し手が主に伝えたいことで、前件より後件が重要な役割をすると思われる。このように前件は後件に比べ大きな役割を果たさないように見えるが、なぜ存在するのだろうか。その必要性を確かめるために、（31）と（32）の前件を削除してみた。

(33)（31）を操作

　　　나중에 다시 오시겠어요?

　　　後で出直してもらえませんか？

　　　削除部分：「申し訳ない」

(34)（32）を操作

　　　내 말씀도 이건 연구용이지 베끼는 용이 아니거든요.

　　　これは研究用で盗用するためじゃないですから。

　　　削除部分：「もう一回言う」

どちらも前件を削除しても問題はなく、伝えている内容もほぼ変わらない。ここからケース4の前件は、話を進める中で必ずしも必要なわけではないことが分かる。この操作で削除された前件「申し訳ない」と「もう一回言う」は、ほとんど命題内容が含まれていないためである。これを分類基準では「前件命題の希薄化」と呼び、前件の削除可能性で該当可否を判断した。前件の命題内容はなく、後件の存在によって成り立つ関係なので、前件は後件発話に付け加えたものだと考えられる。

このような前件の特徴は他のケースとは大きく異なるため、第2章では「命題内容の希薄化」を説明した際には領域の違いがあるという見方を示した。中右（1994: 43）は「複文に含まれる意味関係の可能な解釈は三つのレベルのいずれかで成り立つ」とし、命題内容領域、命題認識領域、発話行為領域に分けている。また、Sweetser（1990）は意味拡張の観点が重視されているが、content domain と epistemic domain 以外に speech-act domain を設定しており、両者の主張は類似しているところが多い。「前件命題の希薄化」が見られるケース4は文の意味構成にはほとんど関与せず、命題の領域を超えているため、他のケースとは異質的であると思われる。他のケースは命題領域に属するのに対し、ケース4は発話行為

領域、speech-act domain に属するのである。角田（2004: 13–16）は発話行為領域の接続表現について、「従属節と主節で述べている内容の事態の間の結びつきではなく、従属節が、主節の発話行為を行うこと自体の前提になる」としている。要するに、前後件の事態を結びつけるのではなく、発話行為を結ぶものであり、発話行為を成立させるための前提であるということである。さらに、接続表現は主節の発話行為を表すモダリティにかかっていると述べ、従属節は命題の外側にあることを示した。

　それではケース4の前件は具体的にどのような関係で後件の発話行為と結びつけられているのだろうか。先ほどの操作で前件を無くしても、意味の変化がないと言えるかもしれない。しかし、その伝え方まで全く同じとは思えない。（31）と（33）を比べると、やはり前件のない（33）は唐突な感じがする。なぜいきなり出直してほしいと要請するのか、それについて話し手はどのような気持ちなのか、何も伝えていないためである。そこから事務的で冷たい印象を与えたり、聞き手を不愉快にさせる可能性が高い。（32）と（34）にも同じことが言える。一度言及したことを聞き手にもう一度伝える行為は、より強く自分の意見を伝えることになる。過去の発話に触れないままだと、同じことを繰り返し言っている、または強く押し付けている印象を与え、聞き手を不快にさせてしまうかもしれない。そのため、前件があった方が後件の内容にスムーズに入れると思われ、ケース4において前件有りと無しが全く同じものとは言えないのである。

　このような言語表現を体系化した研究として、才田他（1984）では自分の言語行動やその要素について言及する言語表現を「表現としての注釈」と定義し、八種類に分類した[22]。そこで挙げられた例文はケース4の前件と大変類似点が多く、ケース4の説明に重要な手掛かりになる。才田他（1984）の分類を大まかに言えば、発話をすること自体に付ける注釈と発話の内容に付ける注釈に分けられる[23]。しかし、後者も続く発話に触れるもの、後件命題内容の外部情報に関わるもので、文全体の意味構成に関わらないことには変わりなく区別が難しい。従って、ここでは「発話行為への注

釈」として、この類の言語表現を包括的に扱うことにし、ケース4の前件は neunde を用いて後件の発話行為に付ける注釈であると考える。

このように注釈が付けられる発話行為の共通点として、大抵の場合、聞き手を不愉快にさせたり、迷惑を掛けるなど失礼になる可能性が高い。これは話し手にとっても非常に負担になるので、負担を軽減するために予めその旨を伝えておくのである。これが注釈を付ける理由であり、文の意味構成に貢献するものではないが、語用論レベルでは聞き手への配慮や円滑なコミュニケーションに役に立つと考えられる。この点はケース4をケース1、ケース2に比べてみると分かりやすい。

ケース1とケース4は、どちらも聞き手に働きかける表現が後件に現れることが多い。ケース1の場合、前提の内容は後件の主張内容の根拠であったり、正当化する理由であった。これは前後件の命題が結びつけられていることを意味する。一方、ケース4の前件は後件の主張や内容の直接的な理由になるわけではなく、後件の働きかけ自体を正当化するものである。即ち、前後件の意味内容の結びつきではなく、発話行為の結びつきなのである。また、ケース1と4は結びつきの様態も異なっている。ケース1は前件を言うことによって、後件の主張が強化される関係だった。しかしながら、ケース4の前件は失礼にならないための装置で発話のリスクを下げる一方、後件は失礼になり得る、即ちリスクを高める発話である。従って、この関係は発話行為領域における食い違いだと考えられる。表面的には同じく働きかけ性が後件に現れても、ケース1の前後件は整合性のある関係、ケース4は食い違いがある関係という相違点がある。

一方、ケース2はケース4と接続の領域が異なる。「지만 jiman」への置き換えが可能である点、食い違いがある展開という点で両者は似ているかもしれない。しかし、ケース2は前提に一致しない事態展開が後件で述べられ、驚きや不満などの二次的意味が含まれる。これは命題内容における食い違いなので、意味論レベルのものである。他方で、ケース4は、前件による発話のリスク軽減、後件によ

第3章　neunde の解釈　　69

るリスク増加という、語用論レベルにおける食い違いである。以上、ケース4は発話行為への注釈として発話行為領域の結びつきであること、他のケースとは意味論と語用論レベルで異なることが分かった。次節では分類基準のどの項目にも該当しない、ケース5の特徴を探ってみる。

2.5　ケース5

最後のケース5は、分類基準のどれにも該当しない、最も無標な用例の集まりである。前提も対立もなく、前件命題の希薄化も見られない。他のケースは分類基準の該当状況に見合う、統語的特徴やモダリティ要素との共起によって、それぞれの特徴がより明らかになった。他方で、ケース5は共起関係や統語的特徴は目立たず、前後件ともに一人称から三人称主語まで可能で、述語の制約もなかった。下の例はその最も基本的な構造だと考えられる。

(35)여기 두 사람이 있<u>는데</u> 하나는 내 형이고 하나는 동생이야.【Seo (2006)】

yeogi du salam-i iss-<u>neunde</u> hana-neun nae hyeong-i-go hana-neun dongsaeng-i-ya.

ここに二人-が いる-［<u>neunde</u>］一人-は 私の 兄-だ-［接続］一人-は 弟/妹-だ

ここに二人の人がいるけど、一人は私の兄でもう一人は弟/妹だ。

Seo（2006）は（35）を例に挙げ、neunde は「説明される対象」を前件で提示して、後件で説明を加えたり評価をする、「主題-評価」の構造であると指摘した。しかし、実際の用例を調べると、そのように規格化された「主題-評価」の構造は非常に少なかった。従来の研究では扱った用例の数がそれほど多くなかったために、最も規格的で簡単な例が取り上げられたかもしれない。しかし、今回の調査では単純に「説明」という一言では表せないほど、説明の仕方や構造が様々であった。下にケース5の用例をいくつか取り上げる。

(36)<u>오 지배인님</u>은 환갑이 넘으셨<u>는데</u> <u>원래 초등학교 선생님</u>이셨대요.*24【三】

オ支配人は還暦を過ぎているんですけど、元々小学校の先生だったそうです。

(37) 내가 평생 클래식 하는 사람을 두 명 만났는데 하난 너구 다른 하난 그 자식이야. 【ベバ】

今までクラシックやっている人を二人会ったんだけど、一人は君でもう一人はあいつなんだ。

(38) 신개인연금은 시가평가가 적용되는데 이는 시장에서 채권 가격이 변하는 것을 그때그때 수익률에 반영한다는 뜻이다. 【中央】

新しい個人年金は時価評価が適用されるが、これは市場で債券価格が変わる分をその都度利益率に反映するという意味である。

今回の分析で見つかったケース5の用例は、説明対象の種類によって二つに分けられる。その一つは、(36) のように人物や物などの個体を説明対象として前件に提示し、後件でそれの属性を詳細に述べる場合である。もう一つは、(37) のようにある事態を説明対象として提示し、後件でその事態の流れや変化を具体的に述べる場合である。また、上記の例は説明対象の文成分がそれぞれ異なる。最初の (36) は「オ支配人」というある人物を前件の主語において説明の対象とし、後件では「小学校の先生だった」という説明を加える典型的なパターンである。(37) の説明対象は話し手が今まで会ったクラシック音楽家で、前件の目的語になっている。その二人が誰なのかが後件で行われている説明の内容である。一方、(38) は前件全体が説明の対象だと考えられる。説明の対象は主語「新個人年金」ではなく「新個人年金に時価評価が適用されること」で、そのことについて後件で解説しているのである。説明対象の文成分が様々である点は注目すべきである。一般的に、説明対象は前件の主語として提示されると思われやすく、先行研究でも特別な言及無しに、前件主語が説明の対象になっている例文を挙げていた。しかし、実際の用例を調べると、説明対象は前件の主語、目的語、あるいは節全体になることが分かった。これは説明構造の様々な形が現れたものであり、伝達内容が多い時はさらにその傾向が際立つ。

(39) 데님은 두꺼운 면직물의 일종으로 흔히 진이라고 하는 소재를 말하

るが、これを利用した製品들이 다양하게 선보이고 있다.【中央】

デニムとは厚い木綿生地の一種でよくジーンズと言われる素材を指すが、これを利用した様々な商品が発売されている。

(40)（39）の説明構造

説明対象：デニム

説明内容：①厚い木綿生地　②ジーンズと言われる　③様々な商品が発売

(41) 약 2 년 전인 2000 년 8 월에도 애플 경영진은 2 천 1 백만 달러 어치（37 만주）를 매각했는데, 그로부터 한달 뒤 분기 순이익이 예상보다 10 % 줄어들 것이라는 회사 발표가 있었고 주가는 반토막이 났다.【中央】

約 2 年前の 2000 年 8 月にもアップル社の経営陣は 2 千 1 百ドル分（37 万株）を売却したが、それから一ヶ月後四半期純益が予想より 10 ％減るという会社の発表があり株価は半分に落ちた。

(42)（41）の説明構造

説明対象：アップル社の株売却

説明内容：① 2 年前の 2000 年 8 月　② 2 千 1 百万ドル分
③四半期純益 10 ％減の予想を発表　④株価半分に下落

（39）と（41）が伝える情報量は非常に多い。伝達する情報量が増えると前件で説明対象を提示して後件で説明を行う、いわゆる「主題 - 評価」の構造にも変化が起きる。まず、（39）は説明対象が個体で前件の主語になっており、説明の内容は大きく三つ考えられるが、その中の二つが前件で述べられている。（41）は事態が説明の対象になっているが、全体の半分程度の情報が前件で伝えられ、前後件で同時に説明が行われていると考えられる。従って、Seo（2006）で言われた「主題 - 評価」の構造は、必ずしも全ての neunde 複文で見られるわけではないことが分かる。ケース 5 の前件は「説明対象」を提示する役割をするが、説明はどちらか一方に集中するのではなく、前後件が分担して情報を伝達すると言える。前件が説明対象の提示と説明を同時に行うことは情報量が多い時ほどよく見られ、後件の情報集中を避ける装置であると思われる。こ

のように、多くの情報を伝える際には前後件で情報量と役割が分担され、効率的に伝達が行われることが分かった。

2.6 まとめ

ここまで統語構造や共起関係など、neunde の各ケースの詳細を記述した。ケース1は働きかけ、ケース2は驚きと不満、ケース3は対立、ケース4は発話行為への注釈、ケース5は説明の構造という特徴があった。このような特徴はケース1から4において明らかであり、特定の形態・統語的方法やモダリティ形式との共起によって支えられている。一方、ケース5は共起関係などの特徴は見られず、最も無標的なグループだったが、その説明構造の多様性を明らかにすることができた。各ケースの主な特徴をまとめると以下のようになる。

表4　neunde の各ケースの特徴

ケース	形態・統語的特徴	意味的特徴
ケース1	命令・勧誘、当為のモダリティ	働きかけ
ケース2	疑問形式の多用	驚き、非難
ケース3	変数の操作、取り立て助詞	対立
ケース4	一人称（前件）＋二人称（後件）、前件省略可能	発話行為への注釈
ケース5	説明対象の提示＋説明	説明の構造

これまでの考察を振り返ると、neunde においては形態・統語構造と共起関係の影響力が非常に強いと言える。neunde という一つの形式にここまで様々な意味があるとは考えにくいため、形態・統語構造と共起関係によって各ケースの特徴が生じると思われる。要するに、neunde は前後の意味内容に見合う形態・統語構造と共起形式を用いることで、様々な接続関係で解釈されるのである。どのような関係も neunde で結べるという意味ではないが、分類基準で示した項目を満足させる限り、他の形式を伴いながら前後件の関係をより明確に表すと考えられる。このようなケースの特徴を踏まえた上で、3節では各ケースの特徴とその分布を関連付けてみる。

3．ケースの分布

　本章では四項目の分類基準でneundeの用例分析を行った結果、ケース1からケース5まで分けられることを述べた。これらのグループは統語的特徴と共起する形式によって、様々な解釈がなされる。ここでは各ケースの特徴とケース別分布を比較しながら、分析内容をもう一度確認する。先に全体の分布を調べた後に、話しことばと書きことばで分けて考察する。

3.1　全体の分布

　まず、データ全体におけるケース1からケース5までの用例数と、その割合を調べた結果は以下のとおりである。

表5　neundeの各ケースの分布

	ケース1	ケース2	ケース3	ケース4	ケース5	計
用例数（件）	24	171	36	17	110	358
割合（%）	6.7	47.8	10.1	4.7	30.7	100

　全体的に見ると、ケース1からケース2、ケース3からケース5が、用例を約半分ずつ占めている。これは今回のデータのおよそ半分は前提によって複文の解釈が左右され、残り半分はそれとは無関係であることを示す。一番高い割合を占めているのはケース2で、全体の約半分ほどに達する171件が見つかった。ケース2は前提に一致しない前後件の事態を述べる基本的使い方から、事態展開に対する問いかけ、非難、反語など、疑問文の派生的用法が非常に発達していた。このような二次的意味の発達も数字に影響したかもしれない。二番目に高い割合を占めているのは、ケース5で全体の3割を占める。前節で述べたように、他のケースは統語的手段や共起するモダリティ形式、文末形式によって、それぞれの特徴を生み出した。他方で、ケース5は統語と共起形式に際立った特徴がなかったため、使用に制限が少なく、広い範囲で使われたと思われる。次に、ケース3、ケース1、ケース4の順に用例数が多かった。ケース4は最も出現頻度が低く、前件命題の希薄化を満たす用例は少な

いと考えられる。また、相手への配慮として用いられるものなので、聞き手の存在が必ず必要になる。この特徴によって、テキストの種類による分布にも差が予想されるが、次節で詳しく調べることにする。

3.2 テキストの種類による分布

前節では各ケースの分布を用例全体の中で考察したが、ケースによって書きことばと話しことばにおける数字の差があまりないものと、差が非常に激しいものがある。用例数の多い順に並べてみると、話しことばは、ケース2＞ケース5＞ケース1＞ケース3＞ケース4の順である。一方、書きことばは、ケース2＞ケース5＞ケース3＞ケース1＞ケース4の順で、ケース3とケース1の順位が入れ替わっており、ケース4は1件も現れていない。下の表は各ケースの分布を書きことばと話しことばに分けて表したものである。この差をより分かりやすくするために、図1にテキストの種類による各ケースの割合を示した。

表6　テキストの種類による neunde の各ケースの用例数

	ケース1	ケース2	ケース3	ケース4	ケース5	計
全体	24	171	36	17	110	358
話しことば	22	102	21	17	46	208
書きことば	2	69	15	0	64	150

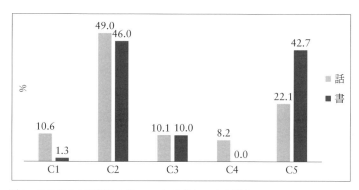

図1　テキストの種類による neunde の各ケースの割合

話しことばにおける割合が書きことばより高いものはケース1とケース4で、その差は著しい。ケース1は、話しことばでは1割以上を占めているが、書きことばではほとんど現れていない。その差は約10倍程度で、データの種類による偏在もケース1の一つの特徴になるであろう。理由は二つ考えられるが、まず後件に現れるモダリティ形式の存在がある。ケース1の後件は聞き手への命令・勧誘など働きかけ性が強く、当為のモダリティ形式も頻繁に共起することを述べた。相手への働きかけは、聞き手がその場に存在する時により強くなることが考えられる。従って、不特定多数の読み手を対象にした書きことばより、特定の聞き手が目の前にいる話しことばにおいてケース1が現れやすいのは、当然の結果かもしれない。

　もう一つの理由は、neunde に代わる接続表現と関係する。理由を表す接続表現は neunde の他にも存在し、テキストのスタイルによって使い分けられる。neunde 以外に話しことばで主に用いられるものとして、「아/어서 a/eoseo（ので）」があるが、後件に勧誘と命令のモダリティが現れないという制約があるため、ケース1のneunde の代わりにはなれない。書きことばでは neunde と「아/어서 a/eoseo」に加えて、「(으)므로 (eu) meulo（ので）」や「기 때문에 gittaemune（のため）」が用いられる＊25。格式ばった書きことばでは、neunde より「(으)므로 (eu) meulo」と「기 때문에 gi ttaemune」の方が好まれる傾向がある。これは「(으)므로 (eu) meulo」と「기 때문에 gi ttaemune」が原因、理由の接続だけを担当するものであり、接続関係が neunde より明確に伝わるためだと思われる。新聞記事や説明文などでは因果関係をはっきり表すことが求められるので、接続関係が単純で明確な形を用いる必要があると推測できる。

　さらに、ケース4は書きことばの用例が一件も現れなかった。ケース4の前件は命題内容が希薄化されており、後件の発話行為に付ける注釈として、後件の発話から予想されるリスクを軽減するものだった。当然、相手の存在が前提となり、目の前に相手がいる話しことばの方が、相手への配慮が必要になると思われる。ケース4もケース1と同じく、聞き手の存在という要因がケースの特徴と関

連するため、話しことばにおける割合が高いと考えられる。

　一方、書きことばでの割合が話しことばに比べて高いのは、ケース5のみである。ケース5は、話しことばでは22.1％を占めるが、書きことばになると42.7％となり、2倍ほど増加する。ケース5は、前件で提示された説明対象について、前後件で協力して情報を伝達し説明を行う特徴があった。他のケースに比べると、形態・統語やモダリティ形式との共起に特徴がないため、使用制限が少ない。ケース5は使用制限なしで情報を効率的に伝達する方法として、説明の場面で効果的な手段になる。このような利点は、書きことばでは大変有利であると考えられる。話しことばの一回の発話と、書きことばの一文は、後者における情報量が多く、たくさんの情報を前後件で分けて伝達する傾向がある。ケース5とテキストの特徴の相互作用として、このような分布が見られたのではないだろうか。

　以上、ケース分布を全体とテキストの種類に分けて考察した。そこから分かったことは以下の三点である。第一に、neundeのケースはそれぞれの特徴が反映された分布を見せ、分類基準の有効性が証明された。第二に、聞き手の存在、情報伝達量という二つの内部的要因と、他の接続表現の存在という外部的要因によって、テキストによるneundeの使用が左右されることを確認した。

4.　本章のまとめ

　今回の分析では四項目の分類基準がneundeの使用に関わることが分かり、neundeの用例を分類したところ以下の結果が得られた。

表7　neundeのケース分けと分布

分類基準					ケース分け	分布
前提	有	前提との一致	有		ケース1	6.7％
			無		ケース2	47.8％
	無	対立	有		ケース3	10.1％
			無	前件命題の希薄化 有	ケース4	4.7％
				無	ケース5	30.7％

まず、このケース分けに関る最も重要な基準として、前件と後件の事態関係に成り立つ前提がある。前提の有無によってケースの特徴が大きく変わるため、第一項目として確認してから次の項目を確認した。前提があるものは、それに一致するか否かによって傾向が異なった。

　ケース１は前提に沿った事態展開で順接の前後関係になる上に、後件には聞き手への働きかけ性が強く表れている。そのため、前件は後件の理由や根拠として解釈される。後件の働きかけ性は命令・勧誘の文末語尾と当為のモダリティによって言語化されており、この場合「아/어서 a/eoseo（ので）」への置き換えはできない。この特徴と類似表現の存在の影響でケース１は書きことばにおける割合が低くなる。

　次に、ケース２は前提に一致しない事態が前後に並べられる、いわゆる逆接の関係である。今回の用例では疑問文形式の多用が目立った。予想外の事態展開について真偽を問うことが基本的な用法だが、疑問文形式の二次的意味として聞き手を非難したり、反語の意味合いが含まれている用例も多かった。

　ケース３は対立が見られる用例の集合である。前後件の内容の異質性に加え、取り立て助詞「은/는 eun/neun（は）」を用いて対比の効果を作り出すことができる。その場合、対比する項目以外は全て既定にして固定する必要があった。

　一方、前件の命題内容が希薄化しているケース４は、前件を削除しても意味の変化は生じないが、発話の唐突さが際立つなど、丁寧度には差が生じる。前件は文の意味構成には関わらない後件の発話行為に付ける注釈であり、前後件の関係は発話行為領域における結びつきである。後件への導入や前置きという前件の役割は語用論レベルのもので、後件の発話が持つリスクを軽減する。そのため、聞き手の存在が非常に重要であるが、書きことばではケース４が１件も現れなかったことからもこの特徴が理解できる。

　最後に、ケース５は前件で説明対象を提示し、後件とともに説明を加える。他のケースと違って形態・統語的特徴はなく、他の要素との共起関係にも目立つ傾向はなかった。ここまで述べたとおり、

ケース1は働きかけ性、ケース2は驚きと不満、ケース3は対比、ケース4は発話行為への注釈という特徴があった。この傾向は非常に強く、neunde前後の意味内容と、それに応じて用いられる形態・統語構造や共起関係の組み合わせで、様々な解釈ができるという結論に辿り着いた。そういった意味で、ケース5は他の要素が混じっていないneundeそのままの状態であると言えるかもしれない。

このような事実からneundeは複文の解釈を全て左右する絶対的なもの、あるいは決まった意味で解釈されるような接続表現ではないと考えられる。むしろ、周りの形式や文構造によって、neundeの解釈が決まるのである。このことを用例分析の結果にも反映させるために、各グループに意味関係を表す名称——「説明」「対比」など従来の研究で用いられた方法——を付けず、用例のグループをケースと呼び、番号を付けて同等なものとして扱った。これは、各ケースをneunde複文であり得る一つの解釈のパターンとして捉えるための試みであり、neundeの周辺要素をneundeそのものと混同しないためである。

さらに、本書で提示した分類基準から、neundeの使用要件とケース間の関係が推測可能で、ケース間の類似点と相違点、テキストの種類による分布の違いが明らかになった。これを分類基準の一次検証とし、次の第4章ではneundeの対応表現とされる日本語のkedoを対象に、分類基準の妥当性について二次検証を行う。

---

*1　第2章でも述べたように、前田（2009）はことばが表す世界を仮定的レアリティーと事実的レアリティーに分けているが、条件文は仮定的、原因・理由文などは事実的だとしている。neundeは基本的に事実的レアリティーにおける接続を担当し、条件文を接続することはできない。しかし、ケース1の後件は未実現の事態という特徴が見られており、この点についてはケース1の意味関係と関連して後ほど詳しく述べることにする。

*2　モダリティ形式の定義と分類については日本語記述文法研究会（2003）に従った。

*3　必要を表す評価のモダリティ形式で「しなくてはならない」の意味を持つ。

＊4　不必要を表すモダリティで「しなくてもいい」の意味を持つ。

＊5　禁止を表すモダリティで「してはいけない」の意味を持つ。

＊6　事態の当為や評価的な捉え方を示す形式をまとめ、deontic modality の和訳として評価のモダリティという用語を用いているが、価値判断のモダリティ、当為評価のモダリティ、評価のモダリティなど様々な名称で呼ばれている。（日本語文法学会（編）（2014: 417–418, 627–635））。

＊7　「아/어요 a/eoyo」で終わるヘヨ体語尾は、イントネーションや共起される副詞によって叙述、疑問、勧誘、命令の意味を表す。

＊8　当為性のモダリティ「아/어야 하다/되다 a/eoya hada/doeda」と結合して「아/어야지 a/eoyaji」の形で用いられることによって、あることの当為性について聞き手に同意・確認を要求する。

＊9　（4）から（6）は先ほど（1）から（3）の日本語訳でも書いたように、カラとノニという二つの表現に訳せる。ここでは意味構造の説明が目的であるため、前件が理由や根拠として捉えやすいカラで簡単に表記している。また、ノニについては後ほど第6章で詳しく説明する。

＊10　意志を述べる用法の先語末語尾「겠 gess」、聞き手に対する約束を表す文末表現「ㄹ게요 lgeyo」が見られた。

＊11　1件のみ上記の表現が伴われていないヘヨ体の叙述文があったが、文脈的に聞き手への宣言、約束の意味合いがあるものだった。

＊12　このような展開が可能なのは、単なる論理的関係や接続表現の特徴によるものではない。前後件の論理的関係とそれを結びつける neunde という接続表現、さらに共起するモダリティや語尾類と発話状況などが揃っているからこそ現れた、非常に複合的な結果だと思われる。

＊13　日本語のカラに訳される。

＊14　国立国語院（2005）は「아/어서 a/eoseo」について時間の順序で並べたり、原因や理由を表す接続語尾であると述べた。日本語のノデやテで訳されることが多い。

＊15　文法性に影響する要素を一つに絞るため、（9）は原文（1）から確認要求の語尾「지 ji」を削除して、当為性を表す「아/어야 하다/되다 a/eoya hada/doeda」のみに操作した。（10）も（3）で用いられた評価のモダリティ「아/어도 되다 a/eodo doeda」を削除し、確認要求の「지 ji」のみについて確認できるようにした。

＊16　neunde のケース2は158件あり、その中12件が「는데도 neundedo」の形で現れた。書きことばにおける偏在が見られ、叙述形文末にのみ見られた。しかし、下記のように（12）を操作してみると、叙述文（a）以外にも疑問文（b）は文法的だが、勧誘形（c）と命令形（d）は非文になることが分かる。

　　　부정 사태가 일어났는데도 주식을 {a. 산다 ./ b. 사나 ? / c. ＊삽시다 ./ d. ＊사십시오 .}

＊17　Baek, Bongja（2006: 414–415）、Park, Jongho（2013: 37–38）

＊18　「지만 jiman」については6章で再び取り上げ考察する。

＊19　勧誘や命令が現れないのは、ケース2の意味構造からある程度予想できることかもしれない。話し手の前提に反する事態が起きるように聞き手に勧誘、命令することは考えにくく、ケース1において当為と働きかけの表示が多用さ

れたこととは対照的である。

*20 日本語のハの使い方に類似している。

*21 疑問形式による行為の要請、要求を含む。

*22 才田他（1984）は注釈的表現について、社会的ルールや伝達性への配慮から生じるものだと述べている。注釈が施されるものには（1）言語行動の主体、（2）言語行動のジャンル、（3）言語表現の形、（4）話題の選択、（5）物理的場面、（6）心理的場面、（7）接触状況／媒体、（8）情報の所属領域の八種類を提示している。

*23 発話内容に関する注釈は下の例が挙げられている。

ちょっと数字が多くなって分かりにくくなるかと思いますが、お手元の資料を参考になさりながらお聞きください。【才田他（1984）からの引用】

숫자가 많아 져서 알기 어려우실 것 같은데 나눠 드린 자료를 참고하시면서 들어 주시기 바랍니다．【韓国語訳】

*24 ケース 5 の用例は長文が多いため、グロスは省略し日本語訳のみ付けることにする。

*25 「아 / 어서 a/eoseo」と「（으）므로 (eu) meulo」は日本語の「ので」に対応すると見られるもので、「（으）므로 (eu) meulo」は「아 / 어서 a/eoseo」よりも硬いことばである。

第 3 章　neunde の解釈　　81

第4章
kedo の解釈

　前章では本書の複文の分類基準を用いて、韓国語の接続語尾 neunde を考察した。そこで四項目の基準——「前提の有無」、「前提との一致」、「対立」、「前件命題の希薄化」——は neunde の特徴を述べる際に有効であることが分かった。さらに、上記の分類基準は同等なものではなく、階層性を持っていることが明らかになった。ところが、以上の事実は韓国語だけに見られる特殊なことなのだろうか。韓国語と日本語は文法が似ているとよく言われるが、対応する構文が互いに存在する場合が多く、その構成にも類似点が見られる。しかし、相違点も多くあるため、両言語を対照することで、それぞれの特徴がより明らかになることもある。本章では韓国語の neunde の対応表現として挙げられる日本語の kedo を用いて分類基準の適用可能性を調べ、日本語の複文の分析にも有効な手段になり得るかについて検討する*1。

　実際の分析にあたって、整理しておかなければならないことが二点ある。第一に、kedo に非常に類似した使い方で用いられるガの存在である*2。既存の研究では両形式を同一なものと見なして考察したものが多く、両者の違いについてはあまり言及されていない。ga については第5章で類似表現として詳細を考察するが、先行研究で ga と kedo を区別せずに述べた内容や、そこで取り上げられた例は本章でも適宜引用する。

　第二に、kedo の形態が一つではないことである。ケドと類似した形、使い方をする表現として、ケレドモ、ケレド、ケドモがある。辞書にはケレド（モ）について解説がされており、ケドモとケドについてはケレド（モ）と同じとされている*3。日本語記述文法研究会（2008: 258）においては、ケレドを代表とし、そのバリエーションとしてケド、ケドモ、ケレドモを位置づけている。そこでは

83

「意味はどれも同じだが、ケレドモは改まった表現で、ケドとケドモはくだけた表現、ケレドはその中間という文体的な違いがある」という指摘があった。この指摘は他の研究がケド、ケドモ、ケレドモの違いを区別せず扱ったこととは対照的である。しかし、先ほどのニュアンスの差については、文の容認度を左右するほど絶対的なのか、あるいは単なる傾向なのか、はっきりしたことは書かれていない。

　これに関しては従来の研究に倣って、ケレドモ、ケレド、及びケドの意味・用法において、基本的に大きな差はないという立場で分析を進める。従って、三つの形態をコーパスから検索し、用例分析の対象にする。さらに、各ケースごとに用例を分けて考察する際には、それぞれ偏りや違いはないのか確認する。日本語コーパスも話しことばと書きことば両方を含めているので、テキストによる分布差も確認できると思われる。このような事情はあるが便宜上、ケド、ケレド、ケレドモ全てを含めた形で指す場合は kedo という表記を用いる。共通の特徴を述べたり、個別に言及する必要がない場合や、韓国語 neunde との対照の際に kedo と書くことにする。形態による違いで個別に言及する必要がある時には、ケド、ケレド、ケレドモとカタカナで表記し、先行研究を引用する際には原文に従う。kedo の分析結果は、以下の 1 節で kedo の全体のケース分けを述べた後に各ケースの特徴を記述する。

1.　ケース分け

　本書で提示した分類基準は「前提の有無」、「前提との一致」、「対立」、「前件命題の希薄化」という四項目である。それらの項目は同等なものではなく、階層性を持っていることを第 2 章で述べ、第 3 章で以下のような表を提示した。

表1　neunde のケース分け

分類基準					neunde の分類結果
前提	有	前提との一致	有		ケース1
			無		ケース2
	無	対立	有		ケース3
			無	前件命題の希薄化	有	ケース4
					無	ケース5

この表から分かるように、最も大きな分類基準は「前提の有無」で、それによって次に関わる基準が変わってくる。前提がある用例には前件の希薄化などは見られず、反対に前提がない用例にはそれとの一致を論ずることはできない。この分類基準で韓国語の neunde の用例を分析すると、表の右側に見られるように、ケース1からケース5まで漏れなく現れる。一方、同じ分類基準で日本語の kedo を分析したところ、neunde とは異なる結果が見られた。kedo は下の（1）と（2）のように、前提に一致する関係を接続しない。

（1）　??雨が降っている<u>けど</u>、傘を差しましょう。

（2）　雨が降っている <u>{から/ので}</u>、傘を差しましょう。

第2章の分類基準の説明でも言及したように、「雨」と「傘」の間には「雨が降れば傘を差す」という前提が想定可能である。この場合、前後件を kedo で接続すると不自然な日本語になり、一般的な雨と傘の事態関係に基づいては成立しない発話である。これを解釈するためには、「雨の時は傘を差さない」、あるいは「傘は雪の時しか差さない」など特殊な前提がなければならないが、通常はあり得ない話で、我々の常識とはかけ離れたものである。（1）を自然な日本語にするためには、（2）のように kedo をカラやノデに変えなければならない。これは前提がある上に前提に一致する事態が後件に現れている、ケース1の事態関係であり、このような事態関係は kedo を介して接続することができないのである。kedo の用例のケース分けを表2に示す。

表2 kedo のケース分け

分類基準					kedo の分類結果
前提	有	前提との一致	有		
			無		ケース2
	無	対立	有		ケース3
			無	前件命題の希薄化	有	ケース4
					無	ケース5

　上記の表で分かるように、kedo に存在する分類はケース2、3、4、5で、neunde と同じく条件関係がある場合とない場合が見られた。しかし、条件関係がある場合は全て前提と一致しない、いわゆる逆接の事態関係になる。さらに、条件関係がない用例としては対立のあるケース3、対立はないが前件命題の希薄化が見られるケース4、希薄化が見られないケース5があった。以下の2節では、kedo の各ケースについて、neunde に関する考察内容と比べながら詳しく述べる。

2. ケースの特徴

　ここでは分類基準を用いて行った kedo のケース分けについて、第3章で述べた neunde の特徴と共通点や相違点を考えながら個別に見ていく。そこから kedo の特徴を正しく反映したケース分けであるのか、分類基準の適用可能性が見えてくると思われる。また、本節で述べる各ケースの特徴はノダを伴わない kedo に限ったものであることを予め述べておきたい。kedo とノダの共起は頻繁に見られる上に、文全体における影響が非常に大きいため、ノダの有無に分けて考える必要がある。ノダと共起した kedo については次の3節でまとめて述べることにする。

2.1　ケース2

　ケース2の用例は分類基準「前提有り」に該当するが、前提と後件事態に食い違いがあることは前述したとおりである。日本語の

kedo にもこのような特徴を持っている用例が存在しており、ケド、ケレド、ケレドモの形態で用例を確認することができた。第1章で形態的特徴を述べたように、kedo の前件には名詞述語、形容詞、動詞が普通体と丁寧体で現れる。この特徴はケース2でも同じで、他のケースと違った傾向は特に存在しない。

（3） 瀬名さん<u>良い人だけど</u>、色んな人に優しくて、色んな人にちょっとずつ傷付けてるんですよね。【LV】

（4） 森田実那子よ。ほら、<u>学校は違ったけど</u>、よく森で一緒に遊んだ。【森】

先ほど述べたように、分類基準の該当項目から見られるケース2の特徴は、前件から発生する前提に一致しない事態が後件に続くことで食い違いが生じることである。（3）と（4）で発生する食い違いを確認するために、その意味構造を以下に整理した。

（5）（3）の意味構造

前提 「良い人であれば他人を傷付けない」

推論 P1：良い人だ⇒Q：他人を傷付けない↔［R：色んな人に優しい⇒〜Q：少しずつ傷付ける］

解釈 良い人（は他人を傷つけない）<u>kedo</u>色んな人に優しくて少しずつ傷付けている。

（6）（4）の意味構造

前提 「学校が違えば疎遠になりやすい」

推論 P1：学校が違う⇒Q1：疎遠になる⇒Q2：一緒に遊ばない↔〜Q：一緒に遊ぶ

解釈 学校が違（えば疎遠になる）<u>kedo</u>よく森で一緒に遊んだ。

（5）で示しているように、（3）の前件からは「良い人は他人を傷付けない」という前提が成り立つ。ところが、その後件にはもう一つの形容詞句が埋め込まれており、「色んな人に優しい」結果「傷付ける」という事態展開になっている。これは前件からの予想と食い違っている事態で、ケース2の典型的な用例だと考えられる。また、（4）は過去の事態を表すため（3）とは異なるが、意味構造は類似している。前件の命題内容「学校が違う」から「学校が違えば

第4章 kedo の解釈　　87

疎遠になる」という前提が生じる。そこから「Q2：一緒に遊ばない」という事態展開が後件に期待されるが、後件は「よく一緒に遊んだ」で、Q1やQ2と反対の事態、つまり〜Qと位置づけられるものである。そこから生じる食い違いで、（4）はケース2と判断されるのである。これらの用例で後件との食い違いが見られる部分は、前件から生じる予想や推測、期待などの前提である。一方、前件に話し手の考えや希望が直接述べられる場合もある。

(7) 自分がなったら絶望すると思っていたけれど、前向きに食事療法に取り組めば普通に生活できると分かった。【毎日】

(8) 連れて帰ってあげたいけど、きっと駄目だろうな。【1L】

(9) (7) の意味構造

前提　「自分が（ガンに）なったら絶望する」＝前件命題

推論　P：ガンになったら絶望する→Q：普通に生活できない↔〜Q：普通に生活できる

解釈　前件命題（＝自分がなったら絶望する）のように思っていたkedoそれと異なる後件結果（＝普通に生活できる）であることが分かった。

(10)(8) の意味構造

前提　「連れて帰ってあげたい」

推論　P1：野良犬連れて帰りたい⇒Q1：連れて帰る↔R：犬は飼えない⇒〜Q：連れて帰らない

解釈　連れて帰りたいkedo駄目だろう（から連れて帰らない）。

　上記の（7）は自身の過去の考えと、その後に新たに分かったこととの間に食い違いが生じている。前件は話し手が持っている考えや信念、予想とも言えるものだが、「自分が（ガンに）なったら絶望する」と直接前件の内容として述べられている。その後件に続く内容は話し手の現在の考えだが、前件を否定するものになっているため、話し手の過去の考えは現在の考えと食い違うことになる。このように、話し手の考えにおいて食い違いがある場合は、前件述語が「思う」や「考える」であった。また、（8）の前件は話し手の希望を「連れて帰りたい」とそのまま述べているが、話し手は自身の推

量として「駄目」と、希望の実現を妨げる現実を認識している。ここで食い違いが生じるのは、話し手の希望と現実で、それぞれが前件と後件の内容になっている。希望と現実の食い違いは、前件の述語に「〜たい」と「〜てほしい」が加えられ、話し手の失望感や不満が現れやすくなっていた。

　このように、前件の内容が話し手の考えや希望で、後件にそれと食い違う現実が続く用例は、最初に挙げた（3）や（4）に比べ前提が明確でないように思われるかもしれない。（3）と（4）はコトとコトの生起に関わる因果関係だが、（7）や（8）は単純で明確な因果関係ではない。ところが、話し手の考えや希望と、それに一致する事態を予想する行為には、ある程度の因果関係が認められる。話し手は自身が正しいと思う信念によって、それに一致する流れの事態が後に現れることを予想する。正しいと思っているからこそ、事態の実現が前提になり得るのである。また、話し手の希望に関しても同様で、話し手にとって希望は望ましく正しいものであるため、その実現を期待する。そのような内容が後件に現れると予測していたにも関わらず、後件にそれと反対になる事実が現れると、食い違いが生じるのである。典型的な因果関係による前提とは多少異なり、話し手の予測は「信念や希望の実現」と限定されてしまうが、前提との食い違いというケース2の特徴は共通していると言えるだろう。

　このように、話し手の考えや希望との間で発生する食い違いはneunde のケース2でもいくつかの用例があった。ところが、このようなタイプは用例数が少なく、疑問文形式による二次的意味が最も際立つ特徴だった。そのため、neunde の特徴としては挙げられなかったが、kedo においてはより際立つ特徴だった。さらに、kedo のケース2の多くはノニへの置き換えができた*4。両形式ともに予測される事態が成立しなかったことを表し、驚きや残念な気持ち、不満などを表せる。以下で見られるように、kedo は noni に置き換えても文法的に問題ない。

（11）（3）を操作

　　　瀬名さん良い人 {a. だけど /b. なのに}、色んな人に優しくて、色んな人にちょっとずつ傷付けてるんですよね。

しかし、a に比べ b でより強い驚きや非難といった感情的なニュアンスが感じられる。この点について日本語記述文法研究会（2008: 259–262）でも言及があった。このようなニュアンスの差は、noni には「当然〜であるはず/べきだ」、「ぜひとも〜てほしい」といった強い要請を含む前提があるが、kedo にはそのような前提がないためだと説明されている。（11）で言えば、「良い人であれば人を傷付けない」という前提が b においてより強く、要請を含んでいるかもしれない。それに比例して、話し手の失望感や非難の気持ちは強く表れるのである。このように感情的なニュアンスの強弱において、kedo と noni に差があるため、置き換えは可能でも同じ意味・機能をするとは言えないのである。一方で、kedo のケース2には noni に置き換えられない場合もある。

(12) 電話したんですけど、授業中なのかどなたも出なくて、そのうち本当に具合が悪くなって電話掛ける状況じゃなくなってしまったんです。【魔女】

(13)（12）を操作

　　電話 {a.* したんです/b.? しました/c.* したんだ/d. した} のに、授業中なのかどなたも出なくて、そのうち本当に具合が悪くなって電話掛ける状況じゃなくなってしまったんです。

（12）のようにノダと kedo が結合している形式は、noni に置き換えられない*5。（13）で確認できるが、丁寧体の a も、普通体の c も、ノダケドであるため非文になる。他方で、丁寧体の述語は、ノダがなくても、多少不自然であることが b で分かる*6。さらに、noni の後件にはモダリティに制約があることが指摘されているが、その形式が kedo の用例に現れている場合、noni への置き換えはできない。前田（2009）は noni の後件に現れないモダリティを四種類挙げた。

(14) 前田（2009: 211）

　　① 命令・依頼などの働きかけ

　　② 意志・希望などの表出

　　③「だろう」「う・よう」による推量

90

④疑問文

(15)真二が店から適当に持ってくるって言ってた<u>けど</u>、何か買っちゃおう。【LV】

(16)(15)を操作

真二が店から適当に持ってくるって言ってた<u>けど</u>、何か{a.買っちゃおう。/b.買っちゃいなさい。/c.買いたい。/d.買っただろう。/e.買っちゃた？/f.買っちゃったの？/g.買っちゃった。}

(17)(15)を操作

真二が店から適当に持ってくるって言ってた<u>のに</u>、何か{a.*買っちゃおう。/b.*買っちゃいなさい。/c.*買いたい。/d.*買っただろう。/e.??買っちゃた？/f.買っちゃったの？/g.買っちゃった。}

(15)はkedoのケース2で見られた用例だが、(17)aのようにnoniへの置き換えはできない。(17)bの命令形も後件が働きかけであるため、置き換えが不可能である。また、(16)と(17)のcからeで分かるように、kedoは後件の希望や推量、疑問のモダリティを許容するが、この場合noniへの置き換えはできない。fのようにノダを伴った疑問文と平叙文であればnoniへ置き換えられる*7。

このような後件のモダリティ制約はkedoにはないようだが、今回の調査でケース2に分類された用例には、疑問文が非常に少ないという特徴があった*8。特に書きことばではケドもガもほとんど疑問文がなく、話しことばにおいてもケドの疑問文はいくつかあったが、ガはたった一例しかなかった。さらに、話しことばで見つかったケドの疑問文は、問いかけ性が非常に低く、下記の例のように、話し手の判断や推量を表すモダリティとの共起が見られた。

(18)彼は保険申込書を見せた<u>が</u>、江木塔子は目の前で破り捨てたん<u>だろう</u>？【氷】

(19)定休日です<u>けど</u>、納骨の後に集まりがあるって聞いてますから夕方から開ける<u>んじゃないですか</u>？【氷】

第3章で述べたように、韓国語のneundeのケース2は後件が疑

問文である割合が非常に高く、kedoとは対照的だった。neundeの
ケース2における疑問文は、単純に事実関係を問うものから、疑問
文の二次的意味として非難や反語の意味合いがある用例まで多様で
ある。kedoとの比較のために、ここで次の例を再度挙げる。

(20) 애가 넘어졌는데 어른이 보고만 있어요？【再掲】

子どもが転んだ {a.?? けど /b. のに}、大人が見ているだけ
なんですか？

(21) 전화 한 통이면 끝나는 일인데 뭐가 고마워？【再掲】

電話一本で終わること {a.?? だけど /b. なのに}、何でお礼
を言うの。

(20) はneundeを用いた原文から非難の感情を非常に強く感じる
が、それをaのように和訳すると不自然な日本語になり、感情的ニ
ュアンスも伝わらない。bのように文末にノダを用いたnoni接続
にした方が、原文の意味により近いと思われる。また、反語を表す
(21) でも同じような傾向がある。bのnoniも日本語で好まれる表
現方法とは言えないが、aのkedoに比べれば許容度が高く原文に
近いと言える。ここから日本語の疑問文にも同じ非難や反語の用法
があるにも関わらず、kedo複文はそのような後件を好まず、noni
複文ではkedoより非難や反語の疑問文が自然であることが分かる。
この事実はkedo複文には非難や反語の後件を許すほどの意外感、
失望感、不満などが込められないことを裏付けるものかもしれない。
さらに、neundeのケース2で非難と反語の疑問形式が多用される
ことも、感情的ニュアンスの許容度がkedoと異なることを意味す
る。即ち、ケース2のneundeはkedoに比べ、意外感や失望感な
どより強い感情を伝えられるのである。

　以上、kedoのケース2を考察し、前後件で見られる食い違いの
様子とその多様性を述べ、類似表現noniと置き換えが可能な場合
と、不可能な場合を区別した。また、後件の疑問文形式の割合と二
次的意味発生の面でも、kedoとneundeの間には差があった。特に、
感情的ニュアンスと意外感の表出において、両形式は同等ではない
ことが分かった。次節ではケース3について記述する。

2.2 ケース3

ケース3の用例は「条件関係無し」で、前後件の内容に「対立」が見られる。この特徴からケース2と似ているように見えるかもしれないが、ケース2の食い違いは前後件の意味内容に存在する前提と後件の間に発生する。これはケース2の前後件の間に事態関係に関する前提があるために可能となるが、ケース3にはこのような前提は見られない。ケース3の対立は前後件の叙述内容における単純な異質性という点で、ケース2とは根本的に異なる。従来の研究では「対立」や「対比」の用法として分類されてきたが、文構造と取り立て助詞の存在で対比の意味合いを強く帯びるなどの特徴が考えられ、詳細について調べる必要がある。

(22)（兄は）無愛想ですぐ怒る人だったけど、どんな時も患者さんのことばっかり考えている人だったわ。【魔女】

(23) 兄は社交的だが、弟は内向的だ。

(24) 温泉みたいなもんだよ。湧くとこには湧くけど、湧かないとこには湧かないって。【LV】

前件のkedoに前節する形式は他のケースと変わらず、(22)の名詞、(23)の形容詞、(24)の動詞、他にも「ある/いる」、コピュラ形式など制限なく現れる。後件の述語にも制約はなく、過去と非過去テンスがあり得る。しかし、kedoがノダと共起してノダケドの形で用いられているケース3の用例は、今回の調査では見られなかった*9。また、前件の前に名詞述語が現れるタイプはあまり見られず、上に挙げた(22)も名詞自体の意味による効果というより、連体修飾によるものである。連体修飾された内容によって名詞の属性が表され、その属性において対立が見られる。名詞自体に固体の属性が含まれていれば、名詞単独でも同じような効果は得られる*10。

ケース3の構造は対象の個数の違いから考えられる。(22)は兄という一人の対象が登場して、その人物の異質的な属性が前件と後件で並べられている。一方、(23)は兄と弟の二人の対象が登場し、「社交的」と「内向的」という対義語を並べることによって異質な属性を比べている。このように前件と後件に対義語、あるいは肯定

と否定を並べることによって異質性が生じるが、この際に伴われている取り立て助詞ハによって、強い対比の効果が得られる。また、下の用例のように複雑な構造でも、ハを伴うことで対比される項目が分かりやすくなる。

(25) 政権交代は言うが、『私が首相をやる』といったセリフはあまり口にしない。【毎日】

(26) 国内では現在、1次エネルギーに占める原油の割合は原子力発電の増加などで5割まで低下しているが、中東依存度は70年代の7割台から逆に9割に上昇、一極集中はむしろ強まっている。【毎日】

(27) 先端企業や大学の誘致を積極的に進める大阪市は「知的創造の場が増える」と歓迎するが、ブランド校の進出に、関西の大学には危機感も広がりそうだ。【毎日】

先ほどの（24）は最も簡単な構造で、前件と後件に同じ動詞の肯定と否定が並んでいた。ところが、（25）は「政権交代」と「私が首相をやるというセリフ」が対比の対象で、前件述語「言う」の否定「言わない」が、「口にしない」という形で後件で表現されている。より命題内容が複雑なものとして、（26）は「原油の割合」と「原油の中東依存度」を比べている。前件は「原油依存度の低下」という肯定的事態を述べるが、後件の「中東依存度強まる」は「増加」の含みを持ち、前件と異質的で否定的な事態である。ここまでは全てハで対比される項目がマークされている。さらに、（27）は前件の「歓迎」という積極的姿勢と対比的な「危機感の広がり」が後件に並べられており、後件の助詞ニにハが重ねられている点も特徴的である。このように文構造が複雑なものでも取り立て助詞ハの存在で、対比される対象とその内容が一目瞭然である。一方で、次のようにハを伴わず、モが用いられた用例もあった。

(28) コンサートもいいけど、遊園地もいいでしょ？【LV】

この文は今まで見たハを伴うケース３とは異なる。（28）は「良い」という形容詞が前件と後件に共通しており、その属性を持っている個体として「コンサート」と「遊園地」が並べられている。この用例はコンサートによく行く聞き手を遊園地に連れ出した話し手

が、「楽しいところはコンサートだけではなくて他にもある、遊園地もコンサートほど楽しい」という意味合いで発したことばである。今までハで対比が行われた用例において、個体は対比的特徴を持っている存在で、対比の内容は述部に現れていた。そのため、個体は単数でも複数でも可能だったわけである。しかし、(28) のようにモが現れているケース 3 は、個体そのものが対比の内容になる。対象の特性は前後件で固定されたまま、その特性を共有する異なる個体を前後件に複数並べているのである。

　このような対比の効果は、誘導推論と取り立て助詞モの影響によるものだと思われる。(25) の聞き手はコンサートが大好きで他の事には興味を示さない。この事実は「コンサート以外は楽しくない」という含みを持っているため、コンサートが唯一無二の個体と含意されるのである。このような唯一性の含みが誘導推論によって現れることは、坂原 (1985: 120–124)、前田 (2009: 196–197) などで指摘されてきた。しかし、モによって取り立てられた対象は、唯一の存在ではなく、同等な他の対象の存在が最初から認められている。前田 (2009: 193–198) はモとテモを関連付けて説明しているが、取り立て助詞モは、他にも同じ性質を持つ存在があることを表すと述べた。これは唯一性の含意とは相反するもので、両者は根本的なところから異なることが分かる。その異質性から前件と後件で提示された個体の間に、対比の効果が生まれるのである。要するに、述部が同じ形態に固定されていて、異なる個体に取り立て助詞モを伴っている文構造で、誘導推論の介入によって対比の効果が生まれるのだと考えられる*11。以上、ケース 3 で見られた助詞の共起と対比の構造をまとめると下の表のようになる。

表 3　ケース 3 における取り立て助詞の共起と対比

個体数	文構造と取り立て助詞	対比の内容	対比の対象
1	A は X kedo Y	X ↔ Y	個体の性質
2	A ハ X kedo B ハ〜X（Y を含む）	X ↔〜X	
	A モ X kedo B モ X	A ↔ B	個体の存在

　一方、取り立て助詞を伴わないが、前後件の間に対立が見られる

用例もあった。

　(29)同じ物は撮れないかも知れないけど、もっといいもの撮れ
　　　るかも知れないじゃん。【LV】

　(30)亜也は、神様は不公平だって言ったけど、不公平なことを
　　　しようとしているのは亜也なんじゃないの？【1L】

　(31)薬飲んだりリハビリしたり、大変だと思うけど、頑張ろう
　　　ね。【1L】

　最初の（29）は撮影したフィルムを失くしたカメラマンのアシ
スタントと友人の会話である。聞き手は「二度と同じものは撮れな
いので自分は最低なことをした」と言う。そこで、話し手は同じも
のが撮れないことを、まず前件で認める。その後、後件で「もっと
いいものが撮れる」と述べ、違う考え方ができると主張しているが、
これは前件の最悪の状況と対立する肯定的なものである。前件では
一度相手の意見を認めて尊重していることを示すが、後件で対立的
主張をする、いわゆる譲歩の関係である。前件の内容は、（30）の
ように聞き手の発話内容を用いたり、（31）のように現状や事実を
述べるなど、多様性が見られた。このように、取り立て助詞がない
ケース3は、対比の効果は持たない。しかし、相手の意見や行動に
理解を示した上で、それと対立する自分の主張や事実を述べるとい
う点で、前後件全体において異質的状況であった。取り立て助詞を
伴うケース3と同様に、ノダとの共起は見られない。

　ところが、前件と後件の間に対立があると言うと、ケース2と曖
昧になるため、双方の違いを確認する必要がある。まず、ケース2
で見られる逆接関係は、事態関係についての予測が前提となり、そ
の前提から外れた結果が後件に現れるものだった。例えば、「雨が
降ったけど、運動会は実施された」には、「雨が降れば運動会は中
止する」という前提が関係している。そこから予測される結果と
「運動会実施」という後件の事態が食い違っているのであり、前提
は因果関係から成り立っている。ところが、ケース3で見られる対
立は、属性の違いから生じる対立で、前提や因果関係などは見られ
ないため、ケース2とは異なるものである。

　以上、ケース3の特徴を取り立て助詞の共起と対立の成立を中心

に調べ、その特徴を食い違いが発生する項目と関連付けて記述した。そこから取り立て助詞と誘導推論の関与で個体の対比、属性の対比が行われ、関与がない場合は譲歩の意味合いを表すことが分かった。以下では前提も対立も見られない用例について詳細を記述する。

2.3　ケース4

ケース4は前提がないため、一致可否は述べられず、前後件の内容に対立も見られない。ケース4の該当する分類基準は「前件命題の希薄化」のみである。韓国語の neunde についても同様のことを述べたが、前件は事態の展開など命題内容に関わるものではなく、発話行為領域で後件の発話に対する注釈として用いられている。従って、ケース4の前後件内容には前提や対立などは見られないことが自動的に含意される。

（32）すみませんけど、今日よろしくお願いします。【魔女】

（33）失礼ですけど、どちら様ですか？【LV】

形態的特徴としては、名詞述語、形容詞、動詞が前接可能で、他のケースに比べ慣用的表現が多く見られた。（32）の「すみませんけど」、（33）の「失礼ですけど」は最もよく表れるパターンで、どちらも丁寧体語尾になっている。ケース4においては他のケースより丁寧体語尾と kedo が接続する場合が多く、聞き手を待遇していることが分かる。その理由は何だろうか。

従来の研究では、このような使い方を「前置き」用法とした。才田他（1983）は「表現としての注釈」という定義をし、注釈は発話前、発話、発話後、全ての段階で付け得るとした。発話前の注釈はその場の参加者、時間、場所、目的などの諸要素について、発話の段階では発話の表面的部分及び周辺、発話内容、発話することに付けられる*12。しかし、「注釈」とは具体的にどのようなものを指すのか、その定義が明確にされていない上、どこまでを「注釈」と見るかについては様々な意見が予想されるが、これについては分類基準の該当状況が答えになるかもしれない。ケース4は「前件命題の希薄化」の項目に該当しており、前件の内容が文全体の意味構成素にならない。意味の構成には貢献しない周辺的なものという点

では、本来の注釈の性格に一致するものである。この特徴から命題内容へ関与しない前件のみが、後件発話への注釈として相応しいと思われる。

ケース4の具体的な役割はneundeの考察でも述べたが、後件の内容に発話のリスクがあること、聞き手への負担が高いことに原因がある。先ほどの（33）もそのようなもので、知らない相手について何かを聞くことは、他人の領域を侵害するリスクが極めて高い。リスクの発生を防ぎたいなら、後件の発話を取りやめれば良いはずである。ところが、発話を避けられない状況であるため、予め「失礼ですけど」とその旨を伝え、リスクを軽減するのである。前件のリスク軽減と後件のリスク発生は、発話行為領域での機能において対立的で相反するものである。前件の命題が希薄であり、命題内容における前後件の対立は見られないが、それは意味論レベルのことである。対立が見られる範囲を語用論レベルまで広げれば、発話機能における対立の存在を言えるかもしれない。

（34）悪いけど、一人にしてくれないかな？【魔女】

（35）悪いんだけど、今忙しいんだよ。【魔女】

（36）まだ言ってなかったと思うけど、私この間人事異動があって...【氷】

（37）俺も一つ聞きたいんだけど、どんな故郷で育ったとかさ、どんな親がいたとか、そういうのが判らないと人間は生きていけないものなの？【森】

さらに、kedoのケース4においては、ノダの出現が特徴的だった。同じ表現でも、（34）のようにノダを伴わない場合と（35）のようにノダを伴う場合があったり、ノダの有無で文法性の判断が変わるものもあった。また、（36）のように動詞の「思う」、（37）のように願望を表すタイが用いられた用例が多く表れたが、ノダに関連した特徴だったため、後ほど3節で詳しく見ることにする。

2.4　ケース5

最後にkedoのケース5は、分類基準の該当状況からみると、全項目に該当しない。前提や対立、前件命題の希薄化が見られない

ケース5は、どのような意味内容を接続するのだろうか。全く無関係の事柄を前後件で結ぶ理由はないので、何かの関わりを持っている事態関係であるという推測はできる。しかし、他のケースほどはっきりした特徴が見られないため、前後件関係の詳細が分かりにくく、まだ明らかにされていないと思われる。ケース5の場合、平叙文と疑問文で多少異なる特徴が見られたが、まず平叙文について見てみよう。

(38) この花は通常女の人のスリッパとも呼ばれているんですけれども、香りに誘われて蜂がこのバケツ状の花の中にすべり落ちてちゃんと這い上がれるような形になってるんです。【森】

(39) 私は保健師ですけれど、何度注意してもお酒やタバコをやめない人たち、子供にろくな食事を与えない親、そういう健康を省みない人たちを指導してきました。【1L】

(40) 今回は「ローマ人の物語」の最終巻のキャンペーンで2カ月間滞在し、地方にも行ってみたけれど、日本の地方って悪くないですね。【毎日】

kedoのケース5で最も多くを占める用例は (38) のように、ノダを伴った平叙文である。この場合、他の用例と異なる特徴を見せたため、3節でノダとの共起を中心に詳細を述べる。ノダを伴わない用例に限定すると数は著しく減ってしまうが、(39) と (40) のように、後件の発話内容の参考になり得る事実が、前件に述べられている。(39) は前件で自分の職業を知らせることによって、後件発話内容の理解を助ける。また、(40) は日本の地方が悪くないと主張をする際に、その発話が可能になる経験を前件で述べた。このように、ノダを伴わないケース5の前件は、後件の発話内容を聞き手に受け入れてもらったり、信用してもらうための根拠であった。一方、疑問文の場合は前件で伝える情報にある特徴があった。

(41) 国府吉春についての情報が欲しい。行方不明になってるって聞いたけど、本当なのか？【森】

(42) 瀬名君もさ、コンクールって言ってたけど、ピアニスト？【LV】

（43）高校なんか固くて行きたくないんですけど、どうしたらい
　　　いんですか？【魔女】

　（41）は話し手と聞き手が共通して知っている人物について会話
をしている。前件では、その人物が行方不明であるとの情報を述べ、
後件ではその事実の真偽を尋ねている。また、（42）も共通の知人
の発話を話題に取り上げ、その人がピアニストであるか聞き手に確
認している。このように事実状況を確認することができる相手とい
うのは、その事実を知っている、認識していると、話し手が思って
いる人物である。（41）も（42）もこれから問いかけたり確認をす
る事柄について、聞き手が情報を持っていると認識した上で発話さ
れている。ところが、（43）の前件は話し手の進学希望を述べてお
り、聞き手はその事実を初めて聞いた場面である。話し手も聞き手
がそのことを認識していないことは知っており、上記の例とは異な
ってkedoの前にノダが現れている。この問題を含め、ノダが共起
するケース5の疑問文については、ここで述べた内容も合わせて再
び詳細を考察する。3節はノダとの共起によって異なる意味合いが
あるケースについて、順番に検討していく。

2.5　まとめ

　ここまでkedoの各ケースの詳細を考察し、以下の特徴を記述し
た。

表4　kedoの各ケースの特徴

ケース	形態・統語的特徴		意味的特徴	
ケース2	noniと置き換え		食い違い	
			予想、信念、希望の存在	
ケース3	ハとの共起		対立	同一性の否定
	モとの共起			唯一性の否定
ケース4	一人称(前)＋二人称(後)、前件省略可能		発話行為への注釈	
ケース5	説明対象の提示(前件)＋説明		説明の構造	

ケース2は驚きと不満を表し、部分的にnoniへの置き換えができる。しかし、neundeとは違って疑問文形式とそれによる二次的意味は見られなかった。ケース3は対立、ケース4は発話行為への注釈、ケース5は説明の構造という特徴があったが、neundeと多くの部分で共通していた。ケース5はneundeと同じく、特別な共起関係の特徴はないが説明構造が多様であることが分かった。

　ここまでを振り返ると、kedoにおいても形態・統語構造と共起関係の影響力が強いことが分かる。neundeの考察の際、一つの形式がここまで様々な意味に解釈されるのは、外部要因によるものだという結論に辿り着いた。kedoもneundeと同様、非常に多義的で様々な構造と共起関係が見られた。特に、ノダとの共起は非常に重要な特徴であり、neundeでは見られない、kedo独特のものだった。次節ではノダとの共起有無によってkedoの解釈がどう変わるかについて考察する。

3.　ノダとの共起

　前節では混乱を防ぐために、なるべくノダに関する議論は除いて各ケースの特徴を述べてきた。ここではノダの有無によって文全体の性質が異なる場合を取り上げ、ケースごとに見ていくことにする。その中、ケース2については、ノダの有無に関する言及が従来研究でされていた。ケース2は前後件の食い違いについて、話し手が意外感を表すことがある。この場合、ノダがケドやガの前に結合したノダケド、ノダガの形式の方が、ノダを伴わない方より強い意外感を伝えるという言及が、(44)についてなされている[13]。

　　(44) 妹は痩せたがって｛いますが/いるんですが｝、まったく運
　　　　動をしません。【日本語記述文法研究会（2003）】

しかしながら、このような違いはニュアンスの差であり、文法性を決めるほどの問題ではなかった。一方、次の例はノダの有無によって文法性の判断が変わってくる[14]。

　　(45) ちょっとお聞き｛a.しますが/b.＊するのですが｝、宅急便を
　　　　扱っている店はありませんか？【野田（1995）】

第4章　kedoの解釈　101

上の例はノダを伴うと非文になり、必ず kedo 単独で使われなければならない。野田（1995）は前置きのケド / ガについて、「後件の発話を行うという話し手の発話時の意志を前件で表明する場合には、ガを用いノダガは用いない」と説明した*15。また、「前件の事態を聞き手も知っていると話し手がみなせばガを、知らないとみなせばノダガを用いる」と二つの原則を提示した。その例外として慣用的表現を挙げたが、この場合のガとノダガの間には微妙なニュアンスの差しか存在しないと述べた。

(46){a. 恐れ入りますが /b. *恐れ入るんですが} 混み合って参りましたので相席お願いできませんでしょうか？【野田（1995）】

(47){a. 申し訳ないけど /b. 申し訳ないんですけど}、父母会が長引いちゃって三十分ぐらいおくれそうなの。【野田（1995）】

　(46) で分かるように「恐れ入りますが」はノダが使えないが、(47) の「申し訳ないですが」はノダ有りと無し、どちらも文法的である。他にも「失礼ですが」はノダガが使えないことが、今回の用例分析で分かった。この類の慣用的表現は、丁寧体語尾とガを合わせた形、即ちノダを伴わない形で用いられることが最も多かった。さらに、ケース 4 における kedo とノダの共起について、記述すべき特徴が二つあった。

(48)俺も一つ聞きたいんだけど、どんな故郷で育ったとかさ、どんな親がいたとか、そういうのが分からないと人間は生きていけないものなの？【森】

(49)あの、ちょっとお尋ねしたいんですけど、あのマリア像の目に何か埋まってますよね。あれ何ですか？【森】

　その一つ目は、希望を表すタイと kedo が連接する場合である。このタイプの用例には必ず kedo の前にノダが現れ、丁寧さの違いによって、タイノダケドとタイノデスケドが使い分けられた。希望や願望は直接言ったり暗示したりしない限り、他人には分からないものである。そのような意味では、野田（1995）が言う「聞き手が分からないと話し手がみなすもの」の一部かもしれない。一方、もう一つの傾向は以下のような用例で見られる*16。

（50）前にも言ったと思う {a.**けど**/b.**んだけど**} 医者には守秘義務があるんだ。【1L】

（51）まだ言ってなかったと思う {a.**けど**/b.**んだけど**}、私この間人事異動があって...【再掲】

（52）いつか言おうと思ってた {a.**??けど**/b.**んだけど**}、水ちゃんとグラスに移してから飲んでくれないかな？【LV】

（53）私、思う {a.**??けど**/b.**んだけど**}、国府は私の目の前に現れて私に何かしようとしているのかもしれない。【森】

　二つ目は、動詞「思う」が用いられる場合である。（50）と（51）のaはノダを伴っていないが、前件の内容に注目する必要がある。「前にも言った」と「まだ言っていなかった」は過去の発言の有無を問題にしており、聞き手も当然知っているだろうという話し手の認識があるため、ノダ無しのkedoになっている。ところが、bのように操作を加え、ノダケドにしても文法性に問題はない。前に言ったことを聞き手は覚えていないだろうという話し手の認識があれば、ノダを伴うのかもしれない。

　他方で、（52）と（53）はノダが共起されたbのみ文法的である。（52）の前件は「いつか言おう」という未実現の事態なので、聞き手はそのことを知らないと判断するのが自然である。また、（53）bの「私、思うんだけど」は全く同じ形でいくつも現れたが、過去に発言した内容ではないため、話し手の思っている具体的な内容は聞き手には分からない。これは話し手が自分の考えや意見を述べる時の談話の開始マーカーとして、慣用表現化しているのかもしれない。

　ここまで見たとおり、聞き手が何かを知っていると認識するか否かは、同じ事態であっても判断が異なることがあるし、どちらかの一方が絶対的に正しいというわけでもない。このようにノダの共起が文法性と関係ない場合は、話し手の認識が既知と未知どちらもあり得る事柄であるかもしれない。言い換えると、ノダの共起で文法性が変わるのは、事柄の内容から聞き手の情報認識が、どちらかに予測できる場合である。聞き手が当然知っているはずのことにノダが共起したり、当然知らないはずのことにノダが共起しないと、非

文になるのである。このように kedo のケース 4 に関しては、ノダ
との共起が重要な特徴になっており、文法性を大きく左右した。

　一方、韓国語にもノダに相当する表現がある。「것이다 geosida」
は形式名詞「것 geos」とコピュラ「이다 ida」が結合したモダリティ
ィ形式であるが、neunde のケース 4 において geosida は見られな
かった＊17。以下の例で neunde と geosida について確認する。

（54）ちょっとお聞き {a. **します**が/b.＊ <u>する</u>のですが}、宅急便を
　　　扱っている店はありませんか？【再掲】
　　　좀 여쭤 {a. ?보는데/b.＊ 보는 것인데/c.보겠는데} 택배를 취급
　　　하는 가게는 없습니까 ?

（55）あの、ちょっとお尋ねしたい {a.? <u>ですけど</u>/b. **んですけど**}、
　　　あのマリア像の目に何か埋まってますよね。あれ何です
　　　か？＊18【再掲】
　　　저, 좀 여쭤보고 {a. 싶은데/b.＊ 싶은 것인데} 저 마리아상 눈에 뭐
　　　가 묻혀 있잖아요 . 저게 뭐에요 ?

（56）食事中申し訳ない {a. **けど**/b. んですけど}、胡蝶蘭の出荷
　　　伝票書いたのどちらですか？【森】
　　　식사 중에 죄송 {a. 한데/ b.＊ 한 것인데} 호접란 출하 전표 쓴 거
　　　이디 있어요 ?

　（54）はノダと共起しない kedo のケース 4 で、野田（1995）が
話し手の意志の表れと言って、ノダケドにはならないと指摘したも
のである。これを韓国語に訳すと、geosida を伴う b より、ノダ相
当形式 geosida を伴わない a の容認度が高い。しかし、どちらも自
然な韓国語とは言えず、未来や意志を表す形式 gess を加えた c が最
も自然である。また、（55）のように kedo においてノダとの共起
が必要な場合や、（56）のようにケドとノダケドどちらも文法的な
場合も、neunde は geosida と共起しない。これらの例で分かるよ
うに、ケース 4 の neunde において、基本的に geosida との共起は
不可能である。日韓で対応する形式があっても、一方は共起を認め、
もう一方は共起を認めないという点で双方の違いが見られた。

　一方、kedo のケース 5 は、ほとんどの平叙文でノダを伴ってい
ることを前節で述べた。この場合、分類基準の該当状況に目立った

特徴がなかったが、文構造にはある特徴が見られた。

(57) この花は通常 女の人のスリッパとも呼ばれている んですけれども、 香りに誘われて蜂がこのバケツ状の花の中にすべり落ちてちゃんと這い上がれるような形 になってるんです。
【再掲】

(58) これ、渡しとく。 この間ね、この神社たまたま行った んだけど、 この神様すっごくご利益あるんだって。【LV】

上記の2例はノダを伴うケース5で最も多かったパターンである。前後件の間には前提も、意味内容における対立も存在しない。むしろ、後件は前件の内容を受け継いで叙述を続けているように見える。(57) は前件で「この花」とある対象を提示した上で、「通常女の人のスリッパとも呼ばれている」と述べた。後件ではそれについて、「香りに誘われて蜂がこのバケツ状の花の中にすべり落ちてちゃんと這い上がれるような形」と新しい説明を加えている。後件は前件で提示された対象について情報を述べているが、前件で行った説明と関連性があり、対立のない同じ類の属性が述べられていることが分かる。即ち、前件で提示された説明対象について、後件で説明が行われているのである。ところが、説明の機能は明確に分離されているのではなく、前件でも情報が与えられており、前後件の協調によって説明が成り立っている。これは neunde の用例でも同様に見られた特徴である。前述したように、説明対象の提示は前件に限られているが、説明は前後件で同時に行われ、多くの情報を円滑に伝達するのである。

　また、説明の対象は個体だけでなく事態でもあり得る。(57) はある個体に関する叙述だが、(58) の説明の対象は「この間この神社に行った」という事態、あるイベントである。後件では「この神様はご利益がある」と述べているが、その間には「このお守りを買った」という事態が省略されていると考えられる。順番に事態を並べると「神社に行った≫（そこで）お守りを買った≫（この神様は）ご利益がある」と、関連性のある事態の連鎖になっているのである。以上から分かるように、kedo のケース5はノダを伴ってある対象を提示し、関連性のある説明を付け加える、整合性の高い接

続関係である。ケースの特徴から言えば、kedo 複文において前提と対立が見られない平叙文はノダとの共起が必要ということになる。ケース 3 のように、前提はないが対立が見られるものはノダと共起しない傾向があったが、双方は対照的である。要するに、対立が見られる前後件の接続にはノダが不要だが、対立が見られない関係はkedo だけでは接続できず、ノダが必要になるということである。ケース 5 の平叙文の場合、このような説明の関係で接続されているが、疑問文ではどうだろうか。以下の例で確認する。

(59) これから出会わなきゃならない女がいるってお前言ったそうだけど、誰だそれ？【氷】

(60) 招待客リスト見て思ったんだけど、会社の人こんなに少なくていいの？【森】

(61) 終業式の日の花火大会なんだけど、よかったら一緒に行かないか？【1L】

　ノダを伴わないケース 5 の疑問文は、ノダとの共起においてケース 4 と類似した特徴がある。(59) の前件は聞き手の過去の発話で、後件においてその事実関係を確認するものである。聞き手の過去の発話内容はノダ無しの kedo で話題にされているが、聞き手自分が話した内容なので、もちろん知っているという認識が話し手の中で成立可能である。他方で、同じケース 5 の疑問文でも、ノダが共起する場合は異質なものだった。(60) と (61) はノダが共起しており、前件である話題を提示するが、聞き手がその情報について既に認識しているという特徴は見られない。そのため、後件において確認要求などはできないと考えられる。このように、ノダとの共起有無によって聞き手の情報認識が異なることは、ケース 4 においても有効な説明だった。野田（1995）は前置きの kedo について、ノダと共起しない kedo 節は話し手が聞き手も知っていると認識している情報であると主張しているが、この説明は前置きの kedo 以外にも適用可能性があることが上記の例から分かる。聞き手の情報認識とノダは、命題領域と発話行為領域に関わらず、ケース 4 と 5 で共通しているのかもしれない。ここまでノダの共起有無について述べた内容を以下の表にまとめる。

表5　kedoとノダの共起

	ノダ無	ノダ有	
意外感、驚き	弱	強	ケース2
対立	有	無	ケース3
			ケース5（平叙文）
聞き手の情報認識	有	無	ケース4
			ケース5（疑問文）

しかし、今回扱ったケース5の疑問文についてはその数が多くなかったため、十分な考察がされたとは言えない。この点については今後さらに用例を増やして検討を続ける必要がある。

4．ケースの分布

　これまで日本語のkedoの用例を複文の分類基準を用いて分析し、各ケースについて詳細を述べた。本節ではそれらの特徴が用例の分布にどのように反映されているのか、実際の数字を提示しながらケースの特徴と使用頻度を関連付けてみる。そして、gaは、文体スタイルに違いがあると言われてきたが、実際のデータでそれを示した研究はなかった[19]。これについては第5章でgaのケース分けと合わせて詳しく見ることにし、ここではまずkedoの分布について考察する。

4.1　全体の分布

　kedoに関してはneundeと違って、ケド、ケレド、ケレドモ、ケドモと複数の形が存在するが、ケース分けにおいてその意味・用法に違いは見られなかった[20]。ここでは形式の違いによって、その分布に差が表れるか調べる。今回の用例では、以下のようにケド、ケレド、ケレドモの用例が見つかったが、ケドモは現れていない。表6に各形態の用例数をまとめてみた。

表6　kedoの異形態の用例数

	ケース2	ケース3	ケース4	ケース5	全体
ケド	69	103	68	52	292
ケレド	8	17	5	3	33
ケドモ	0	0	0	0	0
ケレドモ	0	2	1	1	4
計	77	122	74	56	329

全体の使用件数を比べてみると、ケドが292件と最も多く表れている。次にケレドが33件、ケレドモがわずか4件現れており、二つを合わせてもケドの用例数の1割程度しかなく、ケドが最もよく用いられる形態であることが分かる。そして、ケド、ケレドはケース2、3、4、5の用例が存在したが、ケレドモはケース3、4、5でしか見られず、ケース2は存在しなかった。しかし、わずか4件の用例から傾向を論ずることはできず、ケース2の不在は用例数が少なかったためではないかと考えている。この結果を見る限り、ケド、ケレド、ケレドモの分布で違いは見られず、形態の類似性が高いため、これらの形式は異形態関係にあることが認められる。また、ケドがケレドとケレドモより非常に頻繁に用いられることから、ケドをこれら異形態の代表形にすることが妥当であると考えられる。下の表には形態による区別はせず、kedo全体の件数を各ケース別にまとめ、割合を出してみた。

表7　kedoの各ケースの分布

	ケース2	ケース3	ケース4	ケース5	全体
用例数（件）	77	122	74	56	329
割合（%）	23.4	37.1	22.5	17.0	100

　表7で分かるように、全体の用例数は329件で、「ケース3＞ケース2＞ケース4＞ケース5」の順に用例が多い。ケース3は122件で最も用例数が多く、全体の4割近くを占める。次に、ケース2とケース4がそれぞれ2割強を占める。ケース5は最も用例数が少なく、全体の2割を下回る結果となった。ケース2は前提との

食い違い、ケース3は前後件の内容に対立が見られる用例で、どちらも何らかの不一致を抱えている。また、ケース4は前後件の意味内容における不一致ではないが、発話行為への注釈と発話の語用論的機能において不一致が見られる。一方、最も割合が低かったケース5は、そのような特徴はなく、説明の構造を持っていた。不一致の存在を基準にしてみると、全体の8割以上において何らかの不一致が見られることになる。不一致の存在に関しては、ノダとの共起関係が重要な要因になることを前節で述べた。再度事実を確認するために、ノダの有無による各ケースの用例数を表8に、各ケースにおけるノダの有無の割合を図1に示しておく。

表8　ノダとの共起有無によるkedoの各ケースの用例数

ノダとの共起	ケース2	ケース3	ケース4	ケース5	全体
無	62	114	52	18	246
有	15	8	22	38	83
計	77	122	74	56	329

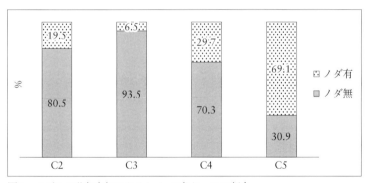

図1　ノダとの共起有無によるkedoの各ケースの割合

　ノダとの共起は全てのケースで見られる特徴だった。全体の傾向は二つに分かれるが、ノダを伴うノダケドの用例がより多いのはケース5のみで、他のケース2、3、4はノダを伴わない用例が圧倒的に多かった。前述したとおりケース2から4は何らかの不一致が存在するが、不一致が存在する場合、ノダとの共起はあまり見られないということが図で分かる。他方で、不一致が見られないケース

5は、ノダを伴う用例が7割近くを占め、他のケースと対照的な結果である。このような内容を踏まえた上で、以下ではテキストの種類によって、kedo の分布がどのように変わるかを調べる。

4.2　テキストの種類による分布

前節でデータ全体における kedo の分布について調べた結果、ケース3が占める割合が最も多く、ノダとの共起も重要な要因になっていた。ここではテキストの種類による分布の差を確認するために、話しことばと書きことばに分けて、各ケースの分布を調べてみる。テキストの種類を考慮しない全体の用例数と、話しことばと書きことばにおける内訳を以下の表9に示した。

表9　テキストの種類による kedo の各ケースの用例数

	ケース2	ケース3	ケース4	ケース5	計
全体	77	122	74	56	329
話しことば	52	83	68	47	250
書きことば	25	39	6	9	79

データ全体で329件ある kedo の用例をテキストの種類によって分けてみると、話しことばでは250件で書きことばでは79件ある。書きことばも一年間の新聞記事を対象にしたため、データの量は少なくないと思われるが、用例数は少なかった。ここから kedo は書きことばより話しことばを中心に用いられることが分かる。書くケースが占める割合を見ると、データ全体では C3 > C2 > C4 > C5 の順である。しかし、話しことばは C3 > C4 > C2 > C5、書きことばは C3 > C2 > C5 > C4 と、ケース4の順位に変化がある。テキストの種類による各ケースの割合の変化を下の図に表す。

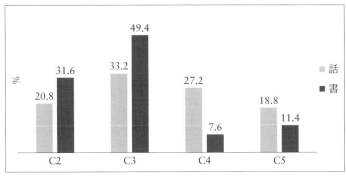

図2 テキストの種類による kedo の各ケースの割合

　ケース2とケース3は書きことばにおける割合が高くなっており、ケース4とケース5は話しことばにおける割合が高い。特に、ケース4で見られる分布の差は著しい。ケース4は話しことばにおいて用例の3割近くを占める反面、書きことばにおける割合は激減し、1割にも至らない。これはケース4の特徴から生じるものだと思われるが、ケース4は相手に失礼になる可能性がある時、発話のリスクを減らすために後件発話に対する注釈としてkedoを用いる。書きことばは不特定多数の読み手を対象にすることが一般的だが、話しことばは決まった相手にその場で話をする点で、相手との関わり方が異なる。恐らく、相手がその場にいる話しことばにおいて、聞き手を気にしたり配慮を払う必要が多いだろう。このような話しことばの性質とケース4の特徴が合っているため、割合が高くなっていると思われる。次に、テキストの種類による kedo の分布を、ノダとの共起を基準に分けて考えてみる。

表10 テキストの種類による kedo とノダの共起件数

テキスト	ノダ共起	ケース2	ケース3	ケース4	ケース5	計
話し	無	37	76	46	12	171
ことば	有	15	7	22	35	79
書き	無	25	38	6	6	75
ことば	有	0	1	0	3	4

　まず、話しことばにおけるノダとの共起について見てみよう。全

体的にもノダが現れていない用例が多く、ケース別に見てもほとんどのケースにおいて、ノダ無しの用例数が多い。ノダ無しの用例が多いケース2、3、4は、食い違いや対立などの不一致があるという特徴が見られる。中でもケース3はノダとの共起がほとんど見られず、ノダ無しが圧倒的に多い。その反面、ケース5にノダ有りの用例が多いのは、平叙文の場合ノダを伴うという傾向が数値に現れた結果だと思われる。

　他方で、書きことばにおいてはほとんどノダが現れず、ノダとの共起はテキストの種類に強く左右されることが分かる。表10が示すとおり、書きことばにおけるkedoとノダの共起はわずか4件しかない。書きことばの用例が少ないことを考慮しても非常に低い数字であり、ノダケドの形は話しことばで現れやすいと考えられるが、より多くのデータで検証する必要がある。さらに、書きことばでノダとの共起が見られたのは、ほぼケース5に限られている点も注目に値する。これは話しことばでも、唯一ケース5のみノダ有りの用例数がノダ無しより多かったことと同じ傾向である。逆に、他のケースは話しことばにおいてはある程度ノダとの共起が見られたが、書きことばにおいてはノダとの共起が見られない。要するに、書きことば全体でノダとの共起はあまり起きず、ケース5のみ、ケースの特徴によってノダとの共起が見られたのである。ここまでkedoの分布を用例全体とテキストの種類に分けて、ノダとの共起有無を考慮しながら考察した。

5．本章のまとめ

　以上、日本語のkedoの用例を分析した結果、以下のことが分かった。第一に、kedoの用例は四項目の分類基準によって、四つのケースに分けられる。前後件の間に存在する前提に後件が一致する用例は見つからず、ケース1は存在しないことが分かった。前提があるものは全て前提と食い違いを見せたため、ケース2となる。一方、前提がない用例は、対立があるケース3と対立がないものに分かれる。対立が見られない用例は、さらに前件命題が希薄化した

ケース4と、希薄化が見られないケース5に分類された。即ち、日本語のkedoにおいてはケース2、3、4、5のみが存在し、全ケースの用例が見られた韓国語のneundeとは、接続する範囲が異なるのである。本章で行ったkedoの分析は分類基準の二次検証となり、その分類基準を通してkedoが持っている特徴を明らかにすることができた。それによって、この分類基準が複文の分析において有効であり、neunde以外の形式にも利用可能であることが分かった。分類基準とkedoのケース分け、ケースの分布を下記の表に再び示す。

表11　kedoのケース分けと分布

前提	有	前提との一致	有				
			無			ケース2	23.4 %
	無	対立	有			ケース3	37.1 %
			無	前件命題の希薄化	有	ケース4	22.5 %
					無	ケース5	17.0 %

　第二に、各ケースの意味・統語的特徴が明らかになった。ケース2は食い違いによる意外感や不満が現れやすく、noniとの置き換えが見られた。ケース3は前後件内容に対立が見られる用例で、ノダとの共起は滅多にないという統語的特徴があった。また、取り立て助詞を伴うことによって、対比の意味合いを強く帯びる。ケース4は発話行為への注釈として、前件の命題内容が全体の意味構成に貢献しないものであった。ノダとの共起は、話し手が思う聞き手の情報認識によって使い分けられていた。これはケース5の疑問文においても、ノダとの共起を決める基準になることが初めて分かった。最後にケース5の平叙文はほとんどノダと共起していたが、前後件の間に対立が見られない、整合性が高い説明の構造であった。ケース5の平叙文をケース3と比べることによって、ノダの有無と対立との関係が明らかになった。このように、kedoによる接続にはノダとの共起が大変重要な要因になっており、kedo自力で接続できる範囲はケース2からケース4までで、ケース5においてはノダとの共起がある場合に接続できることが分かった。この内容を以下の

表にまとめる。

表12 kedoの各ケースの特徴とノダ

ケース	形態・統語的特徴		意味的特徴
2	noniと置き換え		食い違い
			予想、信念、希望の存在
3	ノダ無		対立
	同一性の否定（ハ）、唯一性の否定（モ）		対比
4	ノダ　無	聞き手認識情報	発話行為への注釈
	ノダ　有	その他情報	
5	ノダ有		説明対象の提示と説明

　最後に、kedoの形態はケド、ケレドモ、ケレド、ケドモと多様であるが、用法の違いはなかった。今回のデータではケドの用例が圧倒的に多く、他に現れたケレドモ、ケレドという形態はそれほど用いられないことを確認した。この三つの形態は同じ意味・機能を持つ接続表現であると考えられ、最も頻繁に使用されているケドが代表形として相応しいと言える。

　このように、本書の分類基準はkedoを同じ条件で分析し、各ケースの特徴を反映したものであった。neundeの用例以外にも利用可能であることが、kedoの考察を通して確認された。また、本章では従来の研究で明らかになっていなかった、kedoの異形態、ノダとの共起が説明され、ケースの分布で再度その妥当性が示された。しかし、度々kedoと同一表現にされるgaについては説明がされていない。kedoに関する本章の考察を踏まえ、次の第5章ではgaについて分析する。他にも、kedoと置き換えられるnoni、またneundeとkedoを述べる際に必ず言及される韓国語のjimanを取り上げ、分類基準の最終検証を行う。

＊1　kedoという表記を使用する理由については以下で詳しく述べるが、これでケドやケレドモ、ケレド、ケドモを全て含めて言及する。

＊2　他の形式に合わせてここからはgaと表記する。

＊3　岩波国語辞典（2011）、三省堂国語辞典（2008）

＊4　ノニは後ほど第5章の考察対象であるため、他の表現と合わせて以下noniと表記する。

＊5　ここはノダケドを除外したkedoに限って話を進めてきたが、noniとの置き換えに関してはノダケドの場合も述べることにする。

＊6　これについては個人差が存在するようで、自然だと答えた人もいた。また、京都大学田窪行則名誉教授からは「致しましたのに」と、丁寧さを変えることで、より自然になるというご意見をいただいた。

＊7　（17）のeは場合によっては容認可能かもしれないが、その場合もノダを用いた疑問文fとは文構造が全く異なる。下で文構造を示しているとおり、eはnoniの言いさしとして判断するのが妥当で、疑問のスコープは「買ったか否か」であるが、fは［真二が店から適当に持ってくるって言ってたのに買っちゃった］全体が疑問のスコープに入る。これと似たようなスコープの問題がnoniの禁止文でも見られる。

　　　（17）e.［真二が店から適当に持ってくるって言ってたのに…］［何か買っちゃった］？

　　　（17）f.［真二が店から適当に持ってくるって言ってたのに何か買っちゃった］の？

＊8　自問や勧誘などを除いた問いかけの疑問文。

＊9　ノダケドの形を含む。

＊10　以下の例文は主語となる名詞そのものに属性が含まれており、前後件に意味の対立があるため、連体修飾を用いらない名詞のみでも対比の効果が生じる。

　　　夫は浪費家だけど、妻は倹約家だ。

＊11　今回は形容詞述語の用例しか見られなかったが、これは名詞と動詞述語でもあり得ると思われる。また、韓国語のneundeのケース3でもモの対応形式「도do」による固体の存在の対比は可能だが、用例の中にはなかったため、日本語のkedoのケース3で取り上げた次第である。

＊12　才田他（1984: 22–26）

＊13　日本語記述文法研究会（2003: 206）

＊14　（45）から（47）は野田（1995）から引用。

＊15　（45）のbについて「後学のためにちょっとお聞きするのですが」のような例はノダが使えるとの意見もいただいたが、野田（1995）の言う意思表明には該当しないかもしれない。

＊16　原文は太字で表記しており、その他は操作が加わっているものである。

＊17　「것이다geosida」は以下geosidaと表記する。geosはモノ、コト、ノの意味で単独でも使われる。neundeとgeosidaは「것인데geosinde」の順番で結合するが、テンスによって「ㄴ/는/ㄹ 것인데 n/neun/l geosinde」が使い分けられる。また、話しことばでは縮約された形で「ㄴ/는/ㄹ 건데 n/neun/l geonde」が主に用いられる。

＊18 「僭越ながらちょっとお尋ねしたいですが」という使い方では、ノダがなくても非文にならないというご意見をいただいたが、タイと kedo の共起全般に言えるものではないかもしれない。

＊19 日本語記述文法研究会（2008: 258-259）

＊20 本節では各形態の分布を明確に提示するため、ケド、ケレド、ケレドモのように、それぞれをカタカナで表記する。

第5章
neunde と kedo の類似表現

　ここまで複文の分類基準を提示し、韓国語の neunde と日本語の kedo を対象に分析を行うことで、分類基準の妥当性を検証した。両形式は非常に広範囲の前件と後件を接続する特徴を共有しており、ケース分けの結果も多くの部分で一致した。ところが、neunde と kedo の接続可能な範囲には一致しない部分もあり、neunde がより広い範囲を結びつけることが分かった。このように、本書の分類基準は接続表現の用法と用法間の関係、及び他の表現との関係を考える際に有効であることを、neunde と kedo の分析で見てきた。両形式は韓国語と日本語の対応表現として挙げられるが、他にも関連した表現がある。

　多くの韓国語の教材で jiman は日本語の kedo や ga に相当する表現として提示されているが、同じ説明が neunde についてもなされている。そのため、日本人韓国語学習者に neunde と jiman が同じ意味・用法を持っていると認識されることがしばしばある。両形式の関係について直接言及されたことはなく、もちろん同一形式であると述べられた訳ではない。しかし、このような提示の仕方は、日本語の kedo と ga を介して、neunde と jiman が同じ表現であるような印象を与えてしまい、学習者の誤解を招く可能性が十分ある。さらに、日本語の kedo と ga の関係についても、両者の類似性のみ際立つことになる。両形式の振る舞いが非常に似ていることは確かだが、実際の振る舞いに違いはないのだろうか。意味・用法以外にも使用場面や文脈、語用論的特徴などを十分に考慮した文型の提示が必要である。このような問題が混在していることにより、学習者が neunde と jiman、kedo と ga を区別しにくい状況になっているのかもしれない。

　一方、韓国語母語話者にとって、jiman と neunde が同じ意味合

いを持つという認識は薄いようである。中心的用法と、よく現れる
テキストの種類が異なるため、韓国語母語話者に両形式の類似点は
あまり認識されていないようだ。kedo と ga についても、同じよう
なことが言える。両形式の意味・用法は類似点が多いが、使用場面
の違いによる分布の差は存在すると予想される。発話の場面によっ
ては kedo と ga を置き換えにくいこともあり、日本語母語話者は両
形式を使い分けているように見える。つまり、neunde と jiman、
kedo と ga は、学習者にとっては類似点が多く区別が難しい反面、
日韓の母語話者は比較的はっきりした使い分けをしているのである。
　また、第 3 章の neunde の分析では、neunde の日本語訳として
kedo 以外に noni が用いられることを確認した。kedo には訳せな
いが noni が使える、kedo と noni どちらにも訳せるという場合に
分かれた。このように、neunde と jiman、kedo と ga、そして noni
は異同が明らかになっていないことに加え、両言語の学習において
諸形式の混在によって複雑な状況になっている。そこで、本章では
jiman と ga、noni を対象に分類基準をもう一度検討する。また、
テキストの種類や文体など、意味・用法の分析を超えたレベルの特
徴も考察することで、形式間の異同を明らかにする。

1.　jiman

　接続表現 jiman は neunde と置き換えられる場面が多く、kedo や
ga に訳される。

（1）　비가 {a. 왔지만/b. 왔는데} 운동회는 예정대로 진행되었다.

　　　bi-ga {a.w-ass-jiman/b.w-ass-neunde} undonghoe-neun yejeong-daelo

　　　jinhaengdoeeo-ss-da

　　　雨 - が {a. 来る - ［過去］-jiman/b. 来る - ［過去］-neunde} 運動会 - は

　　　予定 - とおり 進行する - ［過去］- ［平叙］

　　　雨が降ったけど / が運動会は予定どおり行われた。

（2）　형은 대학생 {a.* 이지만/b. 인데} 일본어를 전공한다.

　　　hyeong-eun daehagsaeng {a.i-jiman/b.i-nde} ilboneo-leul jeongongha-

　　　n-da

兄-は 大学生 {a. だ -jiman/b. だ -neunde} 日本語-を 専攻する-［現在］
-［平叙］

兄は大学生だけど/が日本語を専攻している。

　上記の（1）で、neunde と jiman は自由に置き換えられ、意味の
変化もない*1。一方、（2）は jiman への置き換えは不可能である。
このように、neunde の一部は jiman に置き換えられるが、全てに
おいて可能なわけではないので、どのような条件で置き換えられる
のか説明が必要である。この問題を解決するために、本節ではまず
jiman に関する先行研究を検討する。さらに、jiman のケース分け
と分布を明らかにした上で、テキストの種類による jiman と
neunde の出現頻度、neunde との関係について考察する。

1.1　jiman の先行研究

　jiman に関する先行研究は「反対」と「対照」という意見が一般
的である*2。Yang, Inseok（1972）は jiman を反対の行為や事態
の接続詞と定義しており、Seo, Jeongsu（2006）も同じような説明
をしているが、対照が行われるのは予想外の差という指摘が特徴的
である。それ以降の Nam, Gisim and Yeonggeun Go（2011）によ
る、相反する事柄を表す接続語尾という主張も類似したものだと思
われる。一方、Lee, Eungyeong（2000）では、事態間の関係のみ
で見られる意味論的対照と、聞き手と話し手の認識が関わる語用論
的対照に分けて説明した。意味と発話行為レベルの区別は有意義な
試みだと思われるが、jiman における具体的な区別ははっきり言及
されていない。この類の研究は jiman 全体の特性や定義に留まって
おり、具体的な用法の提示や、データを用いた分類などは行ってい
ない。そのため、主張された定義や分類が jiman の実際の振舞いと
どのように関わっているのか、接点が見えないのである。一方で、
韓国語学習者向けの辞書類では用法分類や説明がより詳しくなされ
ている。Lee, Huija and Jonghui Lee（1999）は五つの用法を提示
している。

（3）Lee, Huija and Jonghui Lee（1999）から引用*3

①　対立する二つの事実

조금 어렵지만 재미있어요.

jogeum eolyeob-jiman jaemiiss-eoyo

少し 難しい - [jiman] 面白い - [丁寧]

少し難しいけど / ですが面白いです。

② 前の内容を認めるが、それにとらわれないことを述べる

약을 먹었지만 감기가 잘 낫지 않아요.

yag-eul meog-eoss-jiman gamgi-ga jal nas-ji anh-ayo

薬 - を 食べる - [過去] - [jiman] 風邪 - が よく 治る - [連用] 否定
- [丁寧]

薬を飲んだけど / 飲みましたが風邪がなかなか治りません。

③ 前提的事実

만져 보시면 아시겠지만 솜이 달라요.

manjye-o bo-si-myeon a-si-gess-jiman som-i dalla-yo

触る - [連用] みる - [尊敬] - [仮定] 分かる - [尊敬] - [推量]
- [jiman] 綿 - が 違う - [丁寧]

触っていただけるとお分かりだと思いますけど / が、綿が違
います。

④ 単純な添加

이 집은 값도 싸지만 물건도 좋다.

i jib-eun gabs-do ssa-jiman mulgeon-do johda

この 店 - は 値段 - も 安い - [jiman] 品物 - も 良い

この店は値段も安いけど / が品物も良い。

⑤ 丁寧さの表現

실례지만 말씀 좀 물어볼 수 있을까요?

sillye-jiman malsseum jom mul-eo-bo-l su iss-eulkka-yo

失礼 - [jiman] お言葉 ちょっと 尋ねる - [連用] - みる - [連体] 可能
ある - でしょうか - [丁寧]

失礼ですけど / がちょっとお尋ねしてもよろしいですか?

一方、Baek, Bongja（2006）は対立、譲歩、導入、添加の用法
を挙げており、譲歩の用法を対立とは別途設けている。しかし、添
加とした用例にも単純な羅列とは言えない対立や不一致が見られ、
対立には因果関係の不一致が目立つため、譲歩として解釈される余

地のある例もあった＊4。ここまで取り上げた先行研究は定義や用法分類は行ったが、実際 jiman はどの用法で最も使われているのか、用法別使用頻度を言及していない。Lee, Sohyeon（2015）はこの問題を指摘した上で、譲歩、背景、対照、対比、条件、前提の用法と、データ分析から得られた数値で使用頻度を提示した。しかし、譲歩と対照、対比の違いが明確でないという問題点は依然として残っており、用法分類の基準も示されていない。また、共起する形式が用法分類に関係するにも関わらず、それについて記述がない。これらの問題点を解決するために、次節では jiman のケース分けと分布、テキストの種類による傾向を neunde と比較してみる。

1.2 jiman のケース分けと分布

第3章と第4章では neunde と kedo の用例を分析した。同じ基準で jiman の用例を下位分類したところ、そのケース分けは neunde とは大きく異なることが分かった。データの詳細は下の表1に、分類の結果は表2にまとめる。

表1　jiman のデータ＊5

テキストの種類	ファイル名	分量	詳細
話しことば	6CM00057	121KB	食事中友人同士の会話
	6CM00013	158KB	講演会
書きことば	6BA02D35	110KB	新聞記事：中央日報　2002年生活面
	BRHO0394	159KB	書籍：송충한（2003）『이공계대학 연구경쟁력 살리기』

表2　jiman のケース分け

分類基準					分類結果	用例数（件）
前提	有	前提との一致	有			
			無		ケース2	26
	無	対立	有		ケース3	55
			無	前件命題の希薄化	有	ケース4	11
					無	
計						92

データは話しことばが279KB、書きことばが269KBで、概ね同じ量だと言えるだろう。話しことばは自由形式で行われた20代の友人同士の会話と講演会の二つである。書きことばは中央日報2002年の生活面の記事と書籍を用いた＊6。neundeはケース1からケース5まで全ての用例が存在したが、類似表現とされているjimanの用例には表2で分かるようにケース1とケース5が存在せず、ケース2、3、4のみ存在する。つまり、kedoはneundeのケース分けの一部に接続するのである。前提がある用例は、前提と一致しない事態関係のみ接続可能で、以下のような用例が見られた。

(4) 올 추석 선물용 갈비의 공급 물량이 줄고 있<u>지만</u> 가격은 크게 오르지 않을 것이라는 게 황과장의 예측이다.【6BA02D35】

ol chuseog seonmul-yong galbi-ui gonggeub mullyang-i jul-go iss-<u>jiman</u> gagyeog-eun keuge oleu-ji anh-eul geos-i-laneun ge hwang-gwajang-ui yecheug-i-da

今年 秋夕 贈物 - 用 カルビ - の 供給 物量 - が 減る - ［連用］いる - ［jiman］値段 - は 大きく 上がる - ［連用］ない - ［連体］こと - だ - という ことが ファン - 課長 - の 予測 - だ - ［平叙］

今年のお中元のカルビの供給は減っているが、大きな値上がりはないというのがファン課長の予測である。

(5) 강남<u>으로</u> 이사를 하고 좋다는 학원은 다 보내 봤<u>지만</u> 그리 좋은 결과가 나오지는 않았다.【6BA02D35】

gangnam-eulo isa-leul ha-go johda-neun hagwon-eun da bonae（-eo）bw-ass-<u>jiman</u> geuli joh-eun gyeolgwa-ga nao-ji-neun anh-ass-da

江南 - へ 引っ越し - を する - ［接続］良い - ［連体］塾 - は 全て 行かせる - ［連用］みる - ［過去］- ［jiman］それほど 良い - ［連体］結果 - が 出る - ［連用］- は ない - ［過去］- ［平叙］

江南へ引っ越して良いと言われる塾には全て通わせてみたが、それほど良い結果は出なかった。

ケース2は26件あった。(4)の前件は「カルビの供給が減っている」という内容なので、「値上がりする」という結果が前提になるが、前提と後件内容「大きな値上がりはない」の間には食い違いが見られる。(5)も「教育環境の良いところに引っ越して塾に通

わせる」という前件内容から「成績向上」の結果が前提になるが、後件はそれとは異なる内容である。これらは前件内容からある前提が形成され、後件と食い違いが発生する、ケース2の典型的なパターンである。一方、前提がなく対立が見られるケース3は、55件で最も多かった。

(6) 우리나라 대학의 경우에는 학과 단위에서 재정적인 자율성을 가지지 못하지만 미국 대학의 경우에는 학과가 재정적 자율성을 가지고 있다.【BRHO0394】

uli-nala daehag-ui gyeongu-e-neun haggwa danwi-eseo jaejeong-jeog-in jayulseong-eul gaji-ji mosha-jiman migug daehag-ui gyeongu-e-neun haggwa-ga jaejeong-jeog jayulseong-eul gaji-go iss-da

私たち-国 大学-の 場合-に-は 学科 単位-で 財政-的-な 自立性-を 持つ-［連用］できない-［jiman］アメリカ 大学-の 場合-に-は 学科-が 財政-的 自立性-を 持つ-［連用］いる-［平叙］

韓国の大学は学科単位で財政的自立性を持たないが、アメリカの大学の場合は学科が財政的自立性を持っている。

(7) '이 달의 관세인'으로 뽑힌 사람들 중에는 기발한 공적을 세운 이들도 있지만 일선에서 자기 일에 대한 정열만으로 각종 업무를 묵묵히 수행해 온 평범한 세관 공무원이 많다.【6BA02D35】

i dal-ui gwan-se-in-eulo ppobhi-n salam-deul jung-e-neun gibalha-n gongjeog-eul seu-n i-deul-do iss-jiman ilseon-eseo jagi il-e daeha-n jeongyeol-man-eulo gagjong eobmu-leul mugmughi suhaengha-e o-n pyeongbeomha-n segwan gongmuwon-i manh-da

この 月-の 関税人-で 選ばれる-［連体］人-たち 中-に-は 奇抜だ-［連体］功績-を 立てる-［連体］人-たち-も いる-［jiman］第一線-で 自分 仕事-に 対する-［連体］情熱-だけ-で 各種 業務-を 黙々と 随行する-［連用］来る-［連体］平凡だ-［連体］税関 公務員-が 多い-［平叙］

「今月の関税人」で選ばれた人の中には奇抜な功績を立てた人もいるが、仕事に対する情熱だけで第一線で様々な業務を黙々と行ってきた平凡な税関公務員の方が多い。

(6) の前件には「韓国の大学における学科の財政的自立性の無

さ」が、後件にはアメリカの大学の場合が述べられており、相互に対立する内容であると言える。また、（7）の前件では「奇抜な功績」を持つ平凡ではない人の存在を、後件では平凡な人の存在を言っており、前後件の内容に異質な側面があることが分かる。ケース3の対立という特徴は、ケース2の前提との不一致と混乱しやすいかもしれない。しかし、（6）の前件内容から事態展開について何らかの前提を想定することは難しく、単純な性質の違いと見るのが適切である。この点がケース2とケース3の違いである。

　一方、ケース4は対立が見られない前後件の接続である。neundeの分析でも述べたように、ケース4の前件は命題内容が希薄であり、聞き手への配慮として後件発話行為に付ける注釈だった。この特徴から聞き手の存在が絶対的になり、不特定の読み手を対象にする書きことばより、話しことばに適しているのだろう。今回の書きことばデータでケース4のjimanが見られなかったことは、この特徴が反映された結果かもしれない。話しことばでは（8）のような用例があり、（9）のような慣用表現もあった。

(8)　그래서 형태소를 아주 간단하게 정의하게 되면 아까도 얘기했<u>지만</u> 더이상 쪼개면 의미가 없어져 버리는 의미를 잃어 버리는 어떤 말의 단위입니다.【6CM00013】

geulaeseo hyeongtaeso-leul aju gandanha-ge jeonguiha-ge doe-myeon akka-do yaegiha-ess-<u>jiman</u> deoisang jjogae-myeon uimi-ga eobseojy-eo beoli-neun uimi-leul ilh-eo beoli-neun eotteo-n mal-ui danwi-i-bnida

それで 形態素 - を とても 簡単だ - ［副詞化］定義する - ように なる - ［仮定］さっき - も 話す - ［過去］- ［jiman］ それ以上 分ける - ［仮定］ 意味 - が なくなる - ［連用］ しまう - ［連体］ 意味 - を なくす - ［連用］ しまう - ［連体］ ある - ［連体］ ことば - の 単位 - だ - ［平叙・丁寧］

それで形態素を簡単に定義すると、さっきも言いましたが、それ以上分けると意味が無くなっていまう、意味を失くしてしまうあることばの単位です。

(9)　실례<u>지만</u> 누구세요？

sillye-<u>jiman</u> nugu-s-e-yo

失礼だ - ［jiman］誰 - ［尊敬］- ［疑問］- ［丁寧］

失礼ですがどちら様ですか？

さらに、同じ話しことばの中でも場面の差が際立っており、ケース４は講演会のデータでしか現れなかった。原因はケース４とjimanが持っている特徴にあると思われる。ケース４の前件は発話行為への注釈で、聞き手に負担を掛けたり失礼になる可能性がある後件発話の前に、そのリスクを軽減する装置として用いられる。聞き手への負担をより気にするのは、親疎関係において距離がある聞き手であるため、格式ばった場面での使用が予想される。

ここまでjimanを考察した結果、ケース２の前提との食い違いや、ケース３の前後件の対立など、不一致が見られる関係を接続することが分かった。その傾向はケース分布でも明らかで、対立が見られるケース３が最も多く現れた。さらに、ケース４は発話のリスク軽減とリスクの発生という、発話機能の不一致が見られる。このような語用論的範囲まで含め、jimanは何らかの不一致がある前後件を接続する形式であると言える。neundeは食い違いや不一致以外にも、一致する事態展開と説明の構造を接続することができたが、jimanは不一致の接続に限られており、接続範囲が異なるのである。

また、jimanとneundeは文体の違いによる特徴においても相違点が予想される。neundeについては既に第３章で述べたとおりで、テキストによる各ケースの分布が明らかになっている。jimanにおいてもテキストの種類による特徴があると予想され、neundeと大きく異なる可能性もある。それを調べるためには、同じデータを対象に、neundeとjimanの用例がいくつ見られるか、またテキストの種類によって用例数を算出する必要がある。ここでは先ほど表１で示したjimanのデータから新たにneundeの数を算出し、両形式が話しことばと書きことばのどちらでより多く使われるのか比べてみた。

表３　テキストの種類によるneundeとjimanの用例数

	話しことば	書きことば
neunde	87件	71件
jiman	24件	68件

まず、neundeの用例数は、話しことばで87件と書きことばで
71件で、顕著な差ではない。従って、neundeは話しことばと書き
ことばに関係なく現れると考えられ、第3章の分析とも一致する内
容である。ところが、jimanは書きことばにおいて、話しことばの
2倍以上の用例が見つかった。neundeとjimanを比べてみると、
書きことばではそれほど変わらないが、話しことばではjimanの用
例数がneundeに比べて少ないと言える。また、用例数の差が激し
いjimanにおいてもカジュアルな場面である6CM00057の自由会
話では、1件の用例も見つからなかった。6CM00013の講演会発
話では24件見つかったのに対して、自由会話では0件という結果
は、カジュアルな場面より格式ばった場面や公の場でjimanが使わ
れることを意味する。この結果からneundeはテキストの種類に関
わらず用いられるが、jimanは話しことばより書きことばを好み、
格式ばった場面で主に用いられると考えられる。以上の考察から、
neundeとjimanの間にはケース分けと分布において相違点が存在
することが分かった。次節では両形式の置き換え関係について分析
する。

1.3　neundeとjimanの比較

　ここまでjimanについて明らかになった内容をneundeと比較し
てまとめると、下の表のようになる。

表4　neundeとjimanのケース分け

分類基準					neunde	jiman
前提 有		前提との一致	有		ケース1	
			無		ケース2	
		対立	有		ケース3	
			無 前件命題の希薄化	有	ケース4	
				無	ケース5	

neundeとjimanが共通している部分はケース2、3、4である。
ケース1と5はneundeでは見られるが、jimanでは見られず、
neundeがjimanより広い範囲に接続することが分かる。まず、

126

neunde と jiman の共通部分から置き換え関係を見ていく。

(10) 어렵지 않은 말 {a. **인데**/b. 이지만} 잘못 사용하고 있습니다 . *7

eolyeob-ji anh-eun mal {a. i-nde/b.i-jiman} jalmos sayongha-go
iss-seubnida

難しい - ［連用］否定 - ［連体］ことば {a. だ - ［neunde］/b. だ -
［jiman］} 誤って 使用する - ［連用］いる - ［平叙・丁寧］

難しくないことばですが、誤って使っています。

(11) 두 달만 더 부으면 만기 {a. **인데**/b.*지만} 정말 해약하시겠어
요 ?【ベバ】

du dal-man deo bu-eumyeon mangi {a.i-nde/b.*i-jiman} jeongmal
haeyagha-si-gess-eo-yo

二 月 - だけ もっと 積み立てる - ［仮定］満期 {a. だ - ［neunde］/b. だ
- ［jiman］} 本当に 解約する - ［尊敬］- ［意志］- ［疑問］- ［丁寧］

あと二ヶ月で満期ですけど、本当に解約されますか?

(12) 올 추석 선물용 갈비의 공급 물량이 줄고 {a. 있는데/b. **있지만**} 가
격은 크게 오르지 않을 것이라는 게 황과장의 예측이다 .【再掲】

ol chuseog seonmul-yong galbi-ui gonggeub mullyang-i jul-go {a.iss-
neunde/b.iss-jiman} gagyeog-eun keuge oleu-ji anh-eul geos-i-laneun
ge hwang-gwajang-ui yecheug-i-da

今年 秋夕 贈物 - 用 カルビ - の 供給 物量 - が 減る - ［連用］{a. いる
- ［neunde］/b. いる - ［jiman］} 値段 - は 大きく 上がる - ［連用］ない
- ［連体］こと - だ - という ことが ファン - 課長 - の 予測 - だ - ［平叙］

今年のお中元のカルビの供給は減っているが、大きな値上
がりはないというのがファン課長の予測である。

　ケース2は前件から発生する前提と食い違った後件が現れるが、
(10) のように neunde を jiman に置き換えられる。(11) も前提と
食い違った事態展開であるが、jiman への置き換えはできない。双
方の違いは文末形式にあるが、(10) が食い違った事態展開を叙述
しているのに対して、(11) は食い違った方向へ進もうとする相手
に再度確認のため問いかけている。このようなケース2の疑問文は
jiman による接続はできず、平叙文のみ neunde と jiman の置き換
えができると言える。実際、今回見つかった jiman のケース2は全

第5章　neunde と kedo の類似表現　127

て平叙文であり、疑問文形式による反語や非難などの二次的意味も見られなかった。neunde が疑問文形式を用いて反語や非難の意味合いを込めるなど、積極的に聞き手に訴える反面、jiman は淡々と事態関係を叙述するのである。同じ食い違いのある事態関係であっても、neunde と jiman はその表現の仕方が大きく異なることが分かる。ところが、（12）のようにケース 2 の jiman を neunde に置き換える際には、特別な制約はなかった。他にも不一致が見られるケース 3 とケース 4 で置き換えが可能である。

（13）일반인은 잘 모르 {a.**는데**/b. 지만} 음악인들 사이에서는 정말 유명해요.【ベバ】

ilbanin-eun jal moleu- {a.neunde/b.jiman} eumagin-deul sai-eseo-neun jeongmal yumyeongha-e-yo

一般人 - は よく 分からない - {a. [neunde] /b. [jiman]} 音楽人 - [複数] 間 - で - は 本当に 有名だ - [平叙] - [丁寧]

一般の方はよく知らないけど、音楽やってる人の間では本当に有名です。

（14）{a. **죄송한데**/b. 죄송하지만} 좀 크게 말씀해 주시겠어요?【ベバ】

{a. joesongha-nde/b. joesongha-jiman} jom keu-ge malsseumha-e ju-si-gess-eo-yo?

{a. すまない - [neunde] /b. すまない - [jiman]} 少し 大きい - [副詞化] 仰る - [連用] くれる - [尊敬] - [意志] - [疑問] - [丁寧]

すみませんが、もう少し大きい声で言ってもらえませんか？

（13）のように、ケース 3 は neunde と jiman の置き換えが可能で、取り立て助詞の共起においても同じ様子が見られた。さらに、（14）で確認できるように、意味論的不一致に限らず語用論的不一致を見せるケース 4 も neunde と jiman が自由に置き換えられる。一方で、jiman には現れない neunde のケース 1 と 5 は置き換えができない。

（15）평생을 좌우하는 결혼 {a. **인데**/b.* 이지만/c. 이니까} 그 정도 투자해야죠.【三】

pyeongsaeng-eul jwauha-neun gyeolhon- {a.i-nde/b. *i-jiman/c.inikka} geu jeongdo tujahae-ya-jyo

一生 - を 左右する - ［連体］結婚 - {a. だ - ［neunde］/b.* だ - ［jiman］

/c. だ - ［nikka］} その 程度 投資する - ［当為］- ［同意要求］

一生を左右する結婚だからそれくらい投資しなくちゃ。

(16) 데님은 두꺼운 면직물의 일종으로 흔히 진이라고 하는 소재를 말하

{a. **는데**/b.??지만} 이를 이용한 제품들이 다양하게 선보이고 있

다.【6BA02D35】

denim-eun dukkeou-n myeonjigmul-ui iljong-eulo heunhi jin-i-lago

ha-neun sojae-leul malha {a.neunde/b.??jiman} i-leul iyongha-n

jepum-deul-i dayangha-ge seonboi-go iss-da

デニム - は 厚い - ［連体］木綿生地 - の 一種 - で よく ジーン - だ - とす

る - ［連体］素材 - を 言う {a. ［neunde］/b.?? ［jiman］} これ - を 利用

する - ［連体］製品 - たち - が 多用だ - ［副詞化］お目見えする - ［連用］

いる - ［平叙］

デニムとは厚い木綿生地の一種でよくジーンと言われる素
材を指すが、これを利用した様々な商品が発売されている。

ケース１は（15）のように前件とそこから予想される事態が後
件に現れており、前件を理由・根拠に後件の妥当性を訴えたり聞き
手に働きかける。不一致がある事態関係ではないので、jiman への
置き換えはできず、順接の接続表現「니까 nikka」に置き換えられ
る。また、ケース５も jiman への置き換えは不可能であり、（16）
は食い違いや対立などが見られないため、jiman へ置き換えられな
いのである。このように、neunde と jiman が自由に置き換えられ
る場合は何らかの不一致がある事態関係で、不一致が見られない場
合は jiman が使えない。ケース分けでも述べたように、jiman の接
続する前後件には必ず何らかの不一致が見られ、それが jiman の使
用条件になると考えられる。そのため、不一致が見られる neunde
のみ jiman へ置き換えられるのは当然の結果で、これは jiman の使
用条件を再度確認させるものであった。ここまで韓国語の類似表現
neunde と jiman の異同を述べた。次の２節では日本語の類似表現
kedo と ga について考察する。

2. ga

日本語の ga は先行研究では kedo と一緒に扱われることも多く、以下のように kedo へ置き換えられる。

(17) この病気は日常生活に支障をきたす可能性はあります {a. **が** /b. けれども /c. けれど /d. けど}、直ちに命に関わる病気ではありません。【1L】

(18) 約 30 年前に使用禁止になっている {a. **が** /b. けれども /c. けれど /d. けど}、土壌中の残留成分が根から吸収された。【毎日】

発話場面や文体によって相応しくないことがあるかもしれないが、文法性や意味が変わってしまうほどの変化は起きないと言える。このように、ga と kedo は自由に置き換えられ、同じ形式という認識もしばしば見られる。以下では、ga、そして kedo と ga の関係に関する先行研究を検討する。

2.1 ga の先行研究

日本語の国語辞典では「ガ」という見出し語で、格助詞ガと同一項目内の下位分類として接続助詞 ga を扱っている[8]。岩波国語辞典（2001）では接続助詞としてのガについて、「前後の述べたことをつなぐ」と説明しており、順接と逆接どちらも接続可能であることを述べた[9]。kedo は逆接の接続助詞として説明されており、異質なものとして捉えられているが、両者の関係について言及はない。

また、通時的研究では kedo と ga の異なる発達過程が明らかになっている。西田（1977）や坂口（1990）によると、ケレドモの発生は室町時代後期に遡る。その後、江戸中期には全ての活用形に下接することが可能になり、江戸後期には接続助詞のみならず、接続詞と終助詞として用いられたと言う。さらに、ケレドの形が現れ、現代語の形になったと述べられている。一方、ガに関しては格助詞ガからの発達が認められている。平安期より接続性を帯びたガが存在し、院政期には接続助詞が確立したという指摘がされている[10]。ケレドモ、ケレド、ケドは同じ類で扱うとしても、ガは別の形式と

して認識する必要がある。

　しかし、kedoとgaの接続助詞としての使い方は非常に類似しているため、二つを分けずに扱っている研究が多い*11。その意味・用法についてはkedoとga両方に該当する内容だと思われるため、ここでは再び意味・内容に関する研究を取り上げることは省略する*12。両形式の違いに関する言及はほとんどないが、日本語記述文法研究会（2008: 258-259）では「「が」は書きことばなど、かたい表現でよく用いられる形式」であることを指摘している。大まかな傾向としてkedoは話しことばで、gaは書きことばで用いられるということは分かるが、文法性の判断が変わる絶対的な使い分けではない。そうだとするならば、その傾向はどれほど強いものなのか、kedoとgaにどれほど文体的な差があるのかについて、実際のデータで確認する必要がある。そこで、gaのケース分けを行い、第4章のkedoの分析と比べ、テキストの種類による差と文体的違いを調べた。

2.2　gaのケース分けと分布

　今回分析したgaのデータは表5に示したとおりである。データ入手の都合とkedoとの比較のために、kedoの分析の際に用いたデータを使用した。データの詳細は既に言及したので省略し、表5にデータ量のみ簡単に示した。話しことばの用例は82件と分析可能な数だが、書きことばはそれより遥かに多い1,477件だった。それらを全て分析することは不可能だったため、一割程度を無作為に抽出した142件と、話しことばの用例82件を対象にケース分けしたところ、表6のような結果が表れた。

表5　gaのデータ

テキストの種類	分量	詳細
話しことば	1,126KB	ドラマ脚本（5作品）
書きことば	392,306KB	新聞記事：毎日新聞（2007）

表6　ga のケース分け

分類基準					分類結果	用例数（件）
前提	有	前提との一致	有			
			無		ケース2	47
	無	対立	有		ケース3	102
			無	前件命題の希薄化	有 ケース4	16
					無 ケース5	59
計						224

ケース分けから ga にはケース1を除き、ケース2から5まで存在することが分かった。前提があり、それに一致する順接の関係、即ちケース1は、kedo と同様 ga では接続できないのである。岩波国語辞典（2011）では ga が順接をつなげるという言及があったが、そこで出された例は本書の分類基準ではケース1に入らないことを、2節で述べた。ga によって接続できる前後関係は、食い違いがあるケース2、対立があるケース3、前件命題が希薄化したケース4と、説明構造を持つケース5である。従って、ケース分けの結果は kedo と変わらないことが分かる。以下では ga の用例を挙げながら、各ケースの特徴を具体的に見ることにする。まず、食い違いが見られるケース2は（19）、対立が見られるケース3は（20）のような例が見られた。

　（19）実際に05年度も同分野で52件の漏えい事案などが発覚したが、総務相は報告の要請など、法に基づく権限の行使はしなかった。【毎日】

　（20）厚生労働省の統計では、人口1000人当たりの離婚件数は90年以降伸び続けたが、02年減少に転じ、06年2.04件。【毎日】

（19）の前件は漏えい事案発覚という事態で、捜査や処罰という結果が前提になる。しかし、後件には権力の行使がなかったという叙述がされており、前提との食い違いが発生する。一方、（20）は前提との食い違いは見られないが、前件で離婚件数の増加、後件で減少を述べており、その内容において対立が見られる。どちらも kedo のケース2と3で見られた意味構造と変わらないことが分か

る。次に、食い違いや対立が見られない例を下に挙げる。

　(21)突然ですが、この度、廣瀬先生が結婚退職なさることになりました。【魔女】

　(22)農水省はウイルスの型を調べているが、H5N1型など感染力が強い強毒タイプの可能性が高いとみている。【毎日】

(21)はケース4の用例だが、後件の発話が突然のもので聞き手を驚かす内容であるため、予め後件発話に注釈を付けている。意味的な対立ではないが、発話行為の機能においては前後件に不一致が見られる。一方、(22)は食い違いや対立、前件命題の希薄化などは見られない。前件ではウイルス調査という説明の対象を提示し、引き続き後件で詳細を述べる、説明の構造である。ここまでgaのケース2から5までの用例は、kedoの考察で見られた特徴と概ね一致するように思われるが、各ケースの占める割合においても同じなのだろうか。

　まず、全体の用例数は先ほど表6で示したとおり、ケース3＞ケース5＞ケース2＞ケース4の順になっている。第4章で調べたようにkedoの分布はケース3＞ケース2＞ケース4＞ケース5であり、gaにおいてケース5がより多く表れていることが分かる。さらに、話しことばと書きことばにおけるケースの分布を見るために、テキストの種類に分けた用例の件数を下の表に示した。

表7　テキストの種類によるgaの各ケースの用例数

	ケース2	ケース3	ケース4	ケース5	計
話しことば	18	26	13	25	82
書きことば	29	77	2	34	142

　全体的に書きことばの用例数が多いため、各ケースの用例数も書きことばの方が多くなっている。分布の順位に変化はなく、その特徴としてkedoとの共通点が一つあったが、書きことばでケース4の用例数が激減することである。ケース4は特定の聞き手が現場にいることが重要なため、話しことばでより多くの用例が見られた。gaにおいても同じ傾向があり、全体的に書きことばの用例数が多いにも関わらず、ケース4の件数は書きことばで激減した。ケース

分けの対象にはしなかったものも含めて用例件数を比べてみるとした表のような結果だった。

表8　テキストの種類による kedo と ga の用例数

	話しことば	書きことば	合計
kedo	250	79	329
ga	82	1,477	1,559

　全体の ga の用例 1,559 件の中、82 件が話しことばで、1,477 件が書きことばである。データの量の違いを考慮すれば、書きことばが話しことばの 300 倍以上になってしまうので、この程度の用例数の差は当然かもしれない。また、データ量に文の数が反映されているわけではなく、単純に比べられないという問題はある。しかし、kedo と比較してみると両形式の特徴がより分かりやすくなる。同じデータで kedo の用例は話しことばで 250 件、書きことばで 79 件が見つかった。書きことばのデータが圧倒的に多かったのにも関わらず、用例数は話しことばの 3 割程度で、分量の違いを考慮すれば、さらに低い割合になる。この結果から kedo は話しことば中心であることが確認でき、ga は kedo ほどテキストの種類を選ばないと言える。単純に用例数だけを見れば、ga の方がテキストの種類に左右されると思われやすいが、データ量の差を考えると、kedo の方がテキストによる影響が大きいことが分かる。

　さらに、話しことばにおいて ga に前接する述語の形式には丁寧さの特徴があった。普通体と ga が接続している用例は 27 件である反面、丁寧体と接続している用例は 55 件と、ga には丁寧体語尾を用いる傾向があった。普通体はウガ、タガ、ダガ、ルガ、ナイガの形、丁寧体はデスガ、マスガ、マシタガの形で現れた。以上、kedo と ga のケース分けと分布について調べてみたが、実際の置き換え関係はどのようになるか以下の節で述べる。

2.3　kedo と ga の比較

　ga で見られるほとんどの用例は kedo に置き換えられる。下記の例は原文の ga を kedo に変えたものである＊13。ga のテキストの特

徴として、書きことばや格式ばった話しことば、フォーマルな場面
での使用が多かったため、比較的丁寧な形であるケレドモに置き換
えてみた。

(23)実際に05年度も同分野で52件の漏えい事案などが発覚し
た {a.**が**/b.けれども}、総務相は報告の要請など、法に基
づく権限の行使はしなかった。【再掲】

(24)厚生労働省の統計では、人口1000人当たりの離婚件数は
90年以降伸び続けた {a.**が**/b.けれども}、02年減少に転じ、
06年2.04件。【再掲】

(25)突然です {a.**が**/b.けれども}、この度、廣瀬先生が結婚退
職なさることになりました。【再掲】

(26)農水省はウイルスの型を調べている {a.**が**/b.?けれども}、
H5N1型など感染力が強い強毒タイプの可能性が高いとみ
ている。【再掲】

(23)はケース2の用例だが、gaをkedoに置き換えても文法性
に問題はなく、(24)のケース3、(25)のケース4も同じく意味の
変化は生じない。もちろんgaの方が自然だが、後件の文末を丁寧
体に変えるなどの操作を加えればkedoもより自然な発話になると
思われる。しかし、(26)の場合、(23)から(25)とは違って違
和感がある。gaをkedoに変えることによって、前件と後件の結び
つきが不自然に感じるようになった。(26)はケース5の例文で食
い違いや対立が見られないという特徴を持っている。その際、ノダ
との共起は非常に重要な要因になっており、kedoのケース5の平
叙文はほとんどノダと共起していることを第4章で確認した。下記
の例はkedoの用例だが、(26)とは反対に元のkedoをgaに置き
換えてみた。

(27)この花は通常女の人のスリッパとも呼ばれて {a.**いるんで
すけれども**/b.?いますけれども /c.いるのですが /d.います
が}、香りに誘われて蜂がこのバケツ状の花の中にすべり落
ちてちゃんと這い上がれるような形になってるんです。
【森】

(27)の原文はkedoとノダが共起したaであり、bのようにノダ

を削除すると、不自然に感じてしまう。ところが、kedoをgaに置き換えたcとdは、ノダの有無に関係なく文法的で自然に感じる。つまり、対立のない前後件をつなげるケース5において、kedoはノダとの共起が必要だが、gaは必ずしもノダを必要とするわけではないのである。実際の状況を見るために、ノダとの共起件数をgaとkedoで調べてみた。

表9　gaとノダの共起件数

ノダとの共起	ケース2	ケース3	ケース4	ケース5	計
無	45	98	11	48	202
有	2	4	5	11	22

表10　kedoとノダの共起件数

ノダとの共起	ケース2	ケース3	ケース4	ケース5	計
無	62	114	52	18	246
有	15	8	22	38	83

　表9はgaとノダの共起状況で、表10はkedoとノダの共起状況である。全体の用例数を見ると、ノダと共起しないgaは202件でkedoは246件と大きく変わらない。ところが、ノダと共起するgaが22件しかないのに対し、kedoは83件とgaの4倍ほど多い。さらに、kedoのケース5でノダ無しはほとんど疑問文であり、平叙文はノダと共起していた。ところが、gaのケース5は全て平叙文だったにも関わらず、ノダとの共起は11件に留まっている。特に、書きことばではこの傾向がより強く、ノダとの共起は（28）の1例しか見られなかった。

　（28）最近時々奄美に行くんですが、あそこはスダジイが多いところですね。【毎日】

　しかし、これは新聞記事の中の対談の一部であり、発話を文字化して二次伝達しているため、純粋な書きことばとは言えない。この点からテキストの種類がノダとの共起に影響する可能性があると考えられる。kedoはノダとの共起が非常に重要であるが、gaにおいては文法性を左右するほどの必須要素ではなく、特に書きことばにおいてはほとんど見られないのである。ここまでneundeとjiman、 kedo と ga の異同について調べてみた。これらの表現全てと関連する日本語の接続表現として noni が挙げられる。以下では noni について、上記の四形式との関係を考慮しながら考察する。

3. noni

　日本語の noni はケース 2 と 3 の kedo の代わりに使え、neunde のケース 2、3 を和訳する際に kedo と同じく使える。ところが、kedo が使えない neunde のケース 1 が noni で訳せる場合がある。（29）から（31）にその例を示す。

(29) 바이올린 한 지 17년인데 공연은 거의 못 해 봤어.【ベバ】

baiollin han ji 17nyeon-i-nde gongyeon-eun geoui mos hae bw-asseo

ヴァイオリン する - ［連体］以来 17 年 - だ - ［neunde］公演 - は ほとんど［不可能］する みる - ［過去］

ヴァイオリンを初めて 17 年になる {a. けど /b. のに}、公演はほとんどしたことない。

(30) 영수는 공부를 잘하는데 철수는 못한다.

yeongsu-neun gongbu-leul jalha-neunde chulsu-neun mosha-nda

ヨンス - は 勉強 - を できる - ［neunde］チョルス - は できない - ［現在］

ヨンスは勉強ができる {a. けど /b. のに} チョルスはできない。

(31) 평생을 좌우하는 결혼인데 그 정도 투자해야죠.【三】

pyeongsaeng-eul jwauha-neun gyeolhon-i-nde geu jeongdo tujahae-ya-jyo

一生 - を 左右する - ［連体］結婚 - だ - ［neunde］その 程度 投資する - ［当為］- ［同意要求］

一生を左右する結婚 {a. * だけど /b. なのに /c. だから} それくらい投資しなくちゃ。

（29）はケース 2、（30）はケース 3 の例で、これらの場合 neunde を kedo と noni を用いて訳せる。しかし、（31）のように、ケース 1 の neunde は kedo に訳すことはできず、カラを用いることになるが、同時に noni が用いられる場合もある。しかし、その場合も

第 5 章　neunde と kedo の類似表現　　**137**

noni は neunde や kedo とは異なる意味関係を結んでおり、単に逆接の接続表現として捉えることには問題がある。また、なぜnoniとカラが置き換えられるかという点も疑問である。そこで、本節ではnoni のケース分けを通して kedo や neunde との異同を調べてみる。

3.1　noni の先行研究

　日本語の noni は逆接の接続表現として kedo や ga と一緒に挙げられることが多かった。日本語記述文法研究会（2008: 156-159）では、noni は予測される因果関係が成立しない、予測が実現しなかったことを表すとしている。そのような使い方は kedo にも存在するが、両者の間には次のような形態的違いがあると述べている。第一に、noni は名詞修飾節の中に現れるが、kedo は現れない。第二に、noni の主節には通常の疑問文や命令、依頼、勧誘、希望、推量が現れないが、kedo では可能である。前田（2009）も noniの主節の制約については詳しく述べており、条件文あるいは原因・理由文との関係から、noni を逆原因文・理由文、非並列・対照、予想外、不本意な事態の四つに分けている。これらに共通しているのは意味的に対立する結びつきであるという点で、通常なら結びつくことはないという予測と、そこから驚きや意外感が生じると述べている。このような先行研究の結果から、noni は逆接や対比の用法で使われることが分かり、neunde のケース 2 やケース 3 の日本語訳として用いられることが理解できる。しかし、なぜケース 1 のneunde が noni に訳せるのか、その際になぜ kedo が使えないのかという疑問は残る。この問題を含めて以下の節では noni の接続について分類基準を用いて分析してみる。

3.2　noni のケース分けと分布

　今回 noni の分析には現代日本語書き言葉均衡コーパス（以下BCCWJ）を用いた。その詳細については第 1 章で詳しく説明したため、ここでは分析の結果を中心に述べることにする。同じ分類基準で noni の用例を分析した結果、noni には以下のような使い分け

があった。

表11　noniのケース分け

分類基準					分類結果	用例数（件）
前提	有	前提との一致	有			
			無		ケース2	50＊14
	無	対立	有		ケース3	14
			無	前件命題の希薄化	有	
					無	
計						64

最も多くを占めているケース2は、話し手の前提に一致しない事態
関係を結びつけている。これはいわゆる逆接でnoniの代表的な用
法として扱われてきた。次に、ケース3は前後件の内容を対比する
もので、先行研究でよく指摘されてきた。ところが、その中には以
下のようにノデやカラに置き換えられる用例が一件あった。

（32）こんなに頑張っているあなたにもっと頑張れとも言いたく
　　　ないし、人生がかかっている<u>のに</u>、軽々しく休めと言えな
　　　いからです。【BCCWJ知恵袋】

（33）人生がかかっている<u>のに</u>、軽々しく休めと言えない。

（32）からnoniの前後件だけ抽出すると（33）のようになる。
（33）のnoniはノデやカラに置き換えられ順接関係のように見える。
このように原因・理由文に置き換えられるnoniの特徴として、前
田（2009: 216）は後件が否定表現や否定的な忌みを含む表現にな
っている点を挙げた。否定のスコープに前件が入っていればnoni
が用いられ、入っていなければ原因・理由の接続表現が用いられる
ということである。その主張を取り入れ（33）の意味構造を（34）
のように分析してみると、aのnoniと、bやcの順接の接続表現で
は構造が異なることが分かる。

（34）a.［人生がかかっている<u>のに</u>、軽々しく休めと言え］<u>ない</u>。
　　　b.［人生がかかっている］<u>ので</u>、［軽々しく休めと言えない］。
　　　c.［人生がかかっている］<u>から</u>、［軽々しく休めと言えない］。

（34）aのようにnoniを用いた場合、前件が否定のスコープの中に

入っており、否定はnoniで接続された前後件全体に関わる。一方、
bとcの前件は否定のスコープに入っておらず、後件のみ否定のス
コープに入る。否定を含めた後件が、前件と順接の関係に結ばれた
のである。つまり、順接の接続表現に置き換えられるnoniに関し
ても、意味構造を見れば逆接の関係である点は変わりないというこ
とである。従って、上記の（33）の用例はケース2として分類し、
noniの周辺的特徴として考えるべきである。以上の点を踏まえて、
以下の節ではnoniとkedo、neundeの置き換え関係について考察
する。

3.3　kedoとnoniの比較

前節で述べたように、noniはケース2とケース3のみ存在する。
これらは前後件の間に何らかの食い違いや不一致が存在する関係で
ある。また、ケース4は接続しないことから、意味論レベルの不一
致は接続するが、発話行為領域の不一致は接続しないことが分かる。

表12　kedoとnoniのケース分け

分類基準					kedo	noni
前提	有	前提との一致	有			
			無			ケース2
		対立	有			ケース3
			無	前件命題の希薄化	有	ケース4
					無	ケース5

上の表からnoniとkedoは接続する範囲が異なることが確認できる
が、noniが接続する領域はkedoより狭く、共通するケース2と3
においては両形式が置き換えられることが予想できる。一方、
neunde複文を和訳する際に、kedoは使えないがnoniは使える用
例が存在する。

(35) 바이올린 한 지 17년인데　공연은 거의 못 해 봤어.【再掲】
　　　ヴァイオリンを初めて17年になる {a. けど /b. のに}、公演
　　　はほとんどしたことない。
(36) 영수는 공부를 잘하는데 철수는 못한다.【再掲】

ヨンスは勉強ができる {a. けど /b. のに} チョルスはできない。

(37) 평생을 좌우하는 결혼인데 그 정도 투자해야죠 .【再掲】

一生を左右する結婚 {a. * だけど /b. なのに /c. だから} それくらい投資しなくちゃ。

上記の（35）と（36）はケース２と３の用例であるため、kedo と noni どちらを用いても自然な日本語になる。一方、（37）の neunde は kedo では非文になり、noni あるいはカラを用いることになる。先ほど noni のケース分けの際にも、カラへの置き換えから表面的にはケース１に見える noni 文について言及した。その特徴は後件が否定であり、noni を含んだ前件も否定のスコープに入ることだった。その反面、カラを用いた場合は文の内部構造が異なり、否定は後件のみに関わった。

上の（37）の原文は置き換え関係において否定と関わる noni 文に非常に似ている。日本語にすると kedo では接続できず noni とカラが使えるが、（37）の後件には否定が現れない点で（33）のような noni 文とは異なる。先行研究ではこのような noni の使い方を「短絡」や「述語句の省略」、あるいは「禁止の周辺的な例」としていた*15。ところが、その文脈的状況と後件にはある特徴がある。neunde のケース１で言及したように、（37）のような用例は、後件に当為のモダリティや命令、勧誘などの文末形式を必ず用いており、聞き手に働きかける特徴を持っていた。さらに、（37）の発話状況を見ると、聞き手の前の発話が結婚に関係する支出を躊躇する内容で、話し手と意見が一致しない。そこで、話し手は「大事なことには投資すべきだ」という前提を挙げ、結婚にお金を掛けるように聞き手を説得しているのである。このように、話し手の前提に一致する事態が未実現だったり、一致しない事態に進もうとしているところで、それを阻止しようとするのが neunde のケース１の特徴だった。これは前後件の事態における食い違いではないが、前提と現実における食い違いと言える。このような neunde に置き換えられる noni にも同じような文脈的状況が見られ、例外的に命令文が可能な noni は、実は現実と話し手の前提において食い違いがあると考

第５章　neunde と kedo の類似表現　141

えられる。つまり、noni は言語化された表面上においては順接に見えることがあるが、逆接的な状況が背景にあり、何らかの不一致の存在が使用条件になるのである。しかし、kedo は事態関係における食い違いは接続できるが、現実との食い違いが順接のように言語化されることはないという点でnoni と異なる。以上、noni と kedo の相違点を neunde との関係を通して考えてみた。4節では類似表現のケース分けや置き換え関係から分かったことを簡単にまとめる。

4. 本章のまとめ

本章では jiman、ga、noni について調 neunde、kedo と比べたところ、以下のことが明らかになった。

① neunde はテキストの種類に関わらず用いられるが、jiman は書きことばで好まれる傾向があり、jiman は話しことばの中でも主に格式ばった公の場での発話に用いられる。

② neunde はケース1からケース5まで全てが見られるが、jiman はケース2、3、4のみ見られ、両形式は接続する範囲が異なることが分かった。jiman は不一致が見られる事態関係のみに接続し、そのような事態関係であればneunde との置き換えが可能である。

③ neunde と jiman が置き換えられる場合にも、文形式の制約が存在し、jiman は疑問文形式が現れにくい。

④ kedo は話しことばで好まれる反面、ga は書きことばで好まれ、話しことばでは改まった場面で丁寧体語尾とともに使われる。そのため、kedo と ga の置き換えは文法的であっても不自然さを感じる場合が多い。

⑤ kedo はケース2から4まで、不一致が見られる事態関係は自力で接続する。不一致が見られないケース5は、ノダとの共起が見られる。一方、ga はケース2からケース5まで接続し、ノダとの共起は必須ではない。従って、ケース5の ga を kedo

に置き換える場合、ノダを伴う必要がある。

⑥　noni はケース 2 から 3 まで、不一致が見られる事態関係を接続する。ケース 1 に属する neunde 文の和訳にカラが用いられることもあるが、両者の文構造には違いがあり、不一致の接続であることには変わりない。

　これらの内容を基に、次の第 6 章では neunde と jiman、kedo と ga、noni の接続範囲を比べる。さらに、各形式の機能を考えることによって、複文における位置づけを試みる。

＊1　(1) の日本語訳に関しては、a と b 両方とも kedo と ga、どちらの訳も可能である。

＊2　neunde の先行研究と同じく「対照」という用語が用いられているが、「対比」と理解しても問題ないと思われる。ここでは原文について言及したため「対照」と表記した。

＊3　説明と例文の日本語訳は筆者によるものである。

＊4　因果関係が関わる場合は因果関係に沿った結果と実際の事態が対立するが、因果関係が関わらない場合は前件と後件の特性が対立する。

＊5　データは 21 世紀世宗コーパスから入手し、検索には uniconc を使用した。

＊6　これは年間の全ての記事ではなく、毎月 5 日、10 日、15 日、20 日、25 日、30 日の記事をまとめ、文字化したものである。

＊7　原文は太字で表記することで操作を加えたものと区別した。

＊8　岩波国語辞典（2011）、三省堂国語辞典（2008）

＊9　順接として下の例が挙がっているが、本書の分類基準では順接―ケース 1―にはならない。ここに話し手の前提は成立せず、対立も見られないため、ケース 5 に分類される。

　　食ってみたが、予想どおりの味だった。

＊10　石垣（1955/1985）、鈴木（2001）

＊11　従来の研究は、永田・大浜（2001）、尾谷（2005b）など kedo の分析と、山崎（1998）、松本（1989）、長田（1988）などの ga の分析がある。また、日本語記述文法研究会（2008）のように、kedo と ga を「が・けど」と一挙に扱っている場合もある。しかし、どちらも kedo と ga の例が混ざっており、その理由については述べられていない。

＊12　kedo と ga の意味・用法に関する先行研究の記述については第 1 章を参照されたい。

＊13　前節で ga のケース 2 から 5 の用例として取り上げた（26）から（29）

第 5 章　neunde と kedo の類似表現　　143

を操作した。

＊**14** 通常の逆接の用例が49件、理由文のノデやカラに置き換えられる用例が1件あった。

＊**15** 戸村（1989: 131）、田野村（1989: 165）、前田（2009: 217）

第6章

接続表現の多義性

　これまで neunde の用例分析から見い出された複文の分類基準を第2章で提示し、第3章では neunde、第4章では kedo のケース分けをした。さらに、第5章では類似表現である jiman、ga、noni を取り上げた。これらの用例分析は、各形式の下位分類を行うことであり、また分類基準の検証でもあった。本章では用例分析で明らかになったことを比較し、互いの類似点と相違点を総合的に記述する。また、neunde と kedo の機能を明らかにし、jiman、ga、noni との関係を考えることで複文全体における位置づけを試みる。

1. 接続範囲

　各形式についての考察結果をまとめると、neunde と jiman、kedo と ga、noni はケース分けが異なる。neunde はケース1からケース5まで全て存在するが、他の形式はその一部のケースしか存在しないことを確認した。韓国語の類似表現 jiman は、ケース2からケース4まで接続する。kedo の場合、自力ではケース2からケース4まで、ノダと共起したノダケドであれば、ケース5にも接続できることを第4章と第5章で述べた。通常 kedo と同じ振る舞いをするとされてきた ga はケース2からケース5まで、noni はケース2とケース3のみ接続可能であることが分かった*1。各形式の接続可能な範囲を比較すると、neunde > ga > kedo > jiman > noni の順になる。それぞれの接続範囲をケースで表すことによって、日韓の対応表現と類似表現が混在していた状況が、少し改善されたと思われる。この内容を下の表にまとめてみた。

表1　分類基準と各形式のケース分け

分類基準				ケース	neunde	jiman	kedo	ga	noni
前提	有	一致	有	1	○				
			無	2	○	○	○	○	○
	無	対立	有	3	○	○	○	○	○
			無 希薄 有	4	○		○	○	
			希薄 無	5	○		△	○	

　最も広い範囲に接続できる形式は neunde である。表1で分かるように、neunde はケース1からケース5まで全てのケースで用例が見られた。分類基準と合わせてみると、前提の存在と前提との一致、対立、前件命題の希薄化の全項目において、該当する用例がある。各ケースには文末形式や共起関係などの形式的特徴と、それによって生じる意味的特徴があった。しかし、同じ形式でここまで広範囲の接続ができることは非常に特徴的で、他の接続表現にはあまり見られないことである。一方、jiman、kedo、ga、noni は neunde の接続範囲内の一部で接続するが、それぞれの範囲が異なるため、前後件の事態関係も異なる。これらが接続する範囲はどのような事態関係が含まれているのか、ここからは事態の流れを中心に捉えてみる。

（1）금요일 {**인데**/* 이지만} 한 잔 합시다. 【春】

　　keumyoil {i-nde/*i-jiman} han jan ha-bsida.

　　金曜日 {だ - [neunde] /* だ - [jiman]} 一杯 やる - [勧誘]

　　金曜日 {* だけど /* ですが /? なのに *2/ だから}、一杯やりましょう。

（1）はケース1で、「金曜日、即ち休みの前日」という前件の事実から、「他の曜日より余裕がある、自由に過ごす」という前提が成り立つ。そこから「金曜日だから一杯やろう」と主張するのである。このような前後件の関係は neunde の用例でしか見られず、後件には当為のモダリティと確認要求の語尾が頻繁に見られた。これらの統語的特徴と事態関係の特徴によって、前件は後件の理由や根拠として解釈され、聞き手に強く働きかけることができると考えられる。

この場合、前後件の内容から成り立つ前提に沿っている事態、前件を理由に成立する事態が後件に現れるため、前後件の事態の流れは同じである。どこかで流れが変わったり途切れることなく、相反することが述べられているわけでもない。むしろ、前件の内容は後件の主張と相乗効果を持っている。このような特徴から、ケース1の前後件の事態展開は同じ流れ、つまり「＋」の流れであると言えるかもしれない。今回考察の対象になった接続表現の中で、このような「＋」の流れを接続できるのは neunde のみで、他の形式による当為性や働きかけ性の付加が必要だった。

　他方で、ケース2はケース1と同じく前提が見られるが、それに一致しない後件の事態が現れる。

（2）바이올린 한 지 17년 {**인데**/이지만} 공연은 정말 거의 못 해 봤어.【ベバ】

baiollin han ji 17nyeon- {i-<u>nde</u>/i-<u>jiman</u>} gongyeon-eun geoui mos ha-e bw-asseo

ヴァイオリン する -［連体］　以来 17年 - {だ -［<u>neunde</u>］/ だ -［<u>jiman</u>］} 公演 - は ほとんど［不可能］する -［連用］みる -［過去］

ヴァイオリンを始めて 17年 {だけど / ですが / なのに}、公演は本当にほとんどしたことない。

上記の例はケース2に分類されたもので、neunde と jiman、kedo と ga、noni まで全ての形式で接続できる。前件からある前提が成り立つことはケース1と共通しているが、ケース2の後件は前提に一致しない。前件では「ヴァイオリンを始めてから17年」という演奏歴の長さを伝え、そこからは公演の経験も豊富であるだろうという前提が成り立つ。この前提によって後件にはそれに見合う結果が予想される。前提と一致する結果が起きたのはケース1、一致しない結果が起きたのはケース2となり、ケース2においては食い違いが現れるのである。（2）では前件内容から成り立つ公演経験の豊富さという前提とは食い違った事態が後件に述べられている。食い違いによる前提の打消しは、前後件の間に流れの断絶があることを意味し、ケース1で見られる前後件の相乗効果とは反対になるものである。従って、ケース2の事態関係は相反する流れ、つまり

「−」の流れである。

　他方で、条件関係のないケースについては、どのように考えられるのだろうか。前提がないケースは、前後件の内容に対立が見られるものと、見られないものがある。対立が見られるケース3は前後件の間に前提はなく、一致可否を論ずることはできないが、ケース2と同様、本書で取り上げた接続表現全てにおいて存在した。

（3）일반인은 잘 모르 {**는데**/지만} 음악인들 사이에서는 정말 유명해요. 【ベバ】

ilbanin-eun jal moleu- {neunde/jiman} eumagin-deul sai-eseo-neun jeongmal yumyeongha-eyo

一般人 - は よく 分からない - {[neunde] / [jiman]} 音楽人 - [複数] 間 - で - は 本当に 有名だ - [丁寧]

一般の方はよく知らない {けど / ですが / のに}、音楽やっている人の間では本当に有名です。

ケース3の意味的特徴として、前後件の内容には相違点が目立ち互いに対立している。（3）の例文でもそのような様子が見られるが、ある人物の認知度が認知主体によって異なることが前後件で述べられている。前後件の性格が異って対立していることは、流れが断絶されていることを意味し、相反する流れ、つまり「−」の流れであると判断できる。しかし、同じ「−」の流れと言っても、ケース2と3は同等なものではない。ケース2は前件の事態から引き起こされる結果が予測され、前提になる。その前提と後件で述べる実際に起きた事態が食い違うことによって、流れが断絶されるのである。一方、ケース3は、前後件の事態の発生に論理的関係を述べることはできない。ケース3の前後件は単純に相違点が目立つ内容で、前件内容から前提は発生しない。代わりに前後件の叙述内容の異質性が際立ち、流れの断絶に関わる要素と仕組みがケース2とは異なるのである。このように、ケース2は食い違い、ケース3は異質性という理由で流れが途切れることになるが、どちらの事態関係も相反する「−」の流れであることには変わりない。

　残ったケース4と5は、前提との不一致や対立もなく、前件が後件の根拠になるわけでもない。従って、その事態の流れを「−」の

流れ、あるいは「＋」の流れと考えることはできず、中立的なものになるだろう。特に、ケース4は前件の命題が希薄化しているため、前後件の意味関係を述べることはできない。しかし、語用論のレベルでケース4の前後件の発話行為を考えると、意味論レベルの関係とは違うものが見えてくる。

（4）죄송 ｛**한데**／하지만｝나중에 다시 오시겠어요？【ありがとう】
　　　すみません ｛<u>けど</u>／<u>が</u>／*<u>のに</u>｝、後でもう一度来てください
　　　ませんか？

ケース4の考察でも述べたが、（4）の後件のように、相手に何か行為を要求する発話はリスクが高い。話し手はそれを承知しながらも要請せざるを得ない状況であるため、「失礼ですけど」と予め相手にそれを知らせ、失礼の度合いを軽減するのである。このように、ケース4の前後件はリスクの軽減と発生という点で、発話行為領域において対立的で相反するものだと考えられる。意味論では見られない対立が、語用論レベルの考察ではリスクの軽減と発生という対立性を持つ。つまり、ケース4は意味論レベルにおける事態展開は見えないが、語用論レベルでは「－」の流れであると考えられる。従って、ケース4が存在する neunde と jiman、kedo と ga は意味論と語用論レベルで「－」の流れを接続する反面、ケース4が存在しない noni は意味論レベルの「－」の流れのみ接続すると言える。

　一方、ケース5は意味論的にも語用論的にも不一致は見られない。また、前提に一致する事態展開でもないため、今までケース1からケース4まで述べたように事態の流れを判断することはできない。つまり、相反する「－」の流れ、そして同じ「＋」の流れのどちらにも属さないのである。このような事態関係を「0」の流れとして考えると他と区別ができるので、各ケースの事態関係の異同を把握しやすくする。ここまでの記述をまとめてみると、ケース1の事態関係は同じ流れ、即ち「＋」の流れであり、ケース2、3は意味論レベルにおける相反する流れ、即ち「－」の流れである。また、ケース4は語用論レベルにおける「－」の流れで、ケース5は「0」の事態関係ということになる。各形式のケース分けと接続可能な事態の流れを合わせてみると、以下の表のように表せる。

表2　各形式のケース分けと事態の流れ

ケース	事態の流れ	neunde	jiman	kedo	ga	noni
2						
3	−					
4						
5	0			*3		
1	+					*4

　各形式の詳細を見ると、neunde はケース1から5まで全て存在するので、「−～0～＋」と全ての事態の流れにわたっていることが分かる。他方で、jiman はケース2から4まで、意味論と語用論レベルの「−」の流れを接続すると考えられる。kedo は基本的に jiman と同じ「−」の流れを接続し、ga はケース1のみを除く「−～0」の事態の流れが接続できると考えられる。また、noni は「−」の流れを結ぶが、意味論レベルに限定されたものである。このように、日韓で類似形式としてよく取り上げられる上記の形式は、実は接続する事態の流れが異なることが分かった。

　さらに、kedo については一つ注目すべき点がある。第4章で kedo を分析した際に、ケース5はノダを伴ったノダケドの使用率が非常に高かった。その特徴を事態の流れと合わせ考えてみると、「−」流れは kedo が単独で用いられ、その範囲を超えた「0」の事態関係を接続する際には、ノダと共起する傾向があると言えるだろう。もちろん、kedo のケース5の用例全てがノダを伴うわけではないので、ノダが「0」の流れを結びつけるための必須条件とは言えない。しかし、ケース5においてはノダケドの方がより自然で、かつ頻度が高いことは否めない事実である。

　以上の考察の結果、neunde と jiman、kedo と ga、noni は、多くの類似点が見られるが、完全な対応形式ではなく、それぞれ異なる接続をすることが分かった。特徴的な点は、jiman と noni が一つの事態の流れを接続するのと異なり、neunde、kedo、ga は複数の事態の流れを接続できるという点である。jiman と noni は複数のケースに分かれても、同じ性質を保った事態の流れに留まっている。それに対して、neunde、kedo、ga は複数の事態の流れをわたって

おり、文全体における役割は一言では定義できない。このような特徴をどのように捉えればいいのか、以下の節で考えてみる。

2. 接続表現における多義性

これまで同じ分類基準を用いて neunde と jiman、kedo と ga、及び noni のケース分けを行い、各形式の接続可能な事態関係を明らかにした。その結果、これらの形式はケース分けなどが部分的に類似しているが、それぞれが接続可能な範囲は一致しないことが分かった。さらに、複数の事態の流れにわたっての接続可能性においても相違点があった。

とりわけ neunde は非常に広い意味関係を結びつけ、様々な解釈がされるため、その解釈が決まっていないのではないかという疑問が生じる。それを確認する手がかりとして、韓国語母語話者を対象にインフォーマント調査を行った*5。参加者には複文の後件を空欄にしたまま「P neunde」に相当する部分のみを提示し、後件を埋めて文を完成させてもらった。インフォーマントからの回答にはケース 1 から 5 に該当する様々な文が含まれていた。この結果はneunde には接続すべき事態関係が特別に示されていないことを意味する。即ち、neunde までを聞いた時点では、どのような関係でP と Q を結びつけられるかは決まっておらず、「+」や「−」の流れなどの方向も与えられていない。従って、neunde の解釈は前後件の内容次第であり、両者の関係を考慮して解釈を行うのである。

一方、jiman について同じアンケートを実施したところ、全員が食い違いや対立が見られる後件で回答した。この結果から、jimanの存在によって後件には「−」の流れの事態が続くことが分かったと考えられる。jiman そのものに「−」の流れが含まれているため、インフォーマントは jiman までを聞いた時点で不一致の複文が完成できたわけで、jiman は「−」の流れで前後件を解釈させる指示なのである。

この違いはどのように捉えれば良いのだろうか。neunde の解釈が一つに決まっていないということは、前後件の内容に全てを任す

ことになる。そうであれば接続表現が担う役割は何なのかという問題がある。共通の機能がなければ、同じ形式が使われるはずはない。また、複数の解釈がある表現と、一つの解釈しかない表現では、その役割と接続表現全体における位置づけに違いがあると考えられる。これらの点に注目した池玟京（2012）は、neunde には独自の意味は含まれていないという結論を出した。しかし、この主張は「意味」ということばの定義を明確にしなかったため、neunde の役割はなく、複文構成に必要な存在ではないという誤解を招いてしまう。

　この問題点を解決するために、接続表現の本質を「機能」と「解釈」の二つに分けて考えてみる。多くの接続表現は形式自体に前後件の関係を解釈する方向が含まれており、決まったとおりの解釈がされる。接続表現が特定の前後件と一緒になった時の解釈が、ここで言う各ケースに該当するのである。既存の研究で順接や逆接、対比、継起など、接続表現の用法として取り上げられてきたものは、一つの解釈のパターンだと言えるかもしれない。しかし、neunde は接続される前後件の内容によって解釈が変わり、解釈が一つに定まっていないと考えられる。要するに、neunde の各ケースは、特定の前後件によって解釈された結果なのである。

　一方、接続表現による複文の結びつけの指示を「機能」と考えられる。先ほど挙げた jiman の場合、「－」の流れの接続に属するケース2と3、4で解釈される。従って、jiman は「－」の流れの接続を指示する機能を持っており、その指示が実現された結果がjiman の各ケースとして、jiman で可能な解釈だと考えられる。noni も同じく「－」の流れを接続する機能を持っているが、意味論のレベルに限定されているため、ケース2と3の解釈しかできない点が jiman と異なる。kedo も jiman や noni と同様「－」の流れの接続が基本的な機能である。ただし、kedo には共起形式による影響があり、ノダの助けがある時に限って「0」の流れが接続できるという特徴がある。一方、ga は kedo と異なって、ノダがなくても「0」の流れを結びつけ、自力で「－」と「0」の領域にわたっている。ここから ga は「＋」の流れの解釈を排除する機能があると言えるかもしれない。さらに、neunde は最も接続範囲が広く、

「-」と「0」、及び「+」の流れを接続するため、特定の流れの事態を指示しないと考えられる。単に関連性のある事態として前後件を提示することによって、「-～0～+」の解釈を可能にするのではないだろうか。つまり、neunde は前後件の関連性を聞き手に保証する機能を持っており、他の接続表現に比べ指示内容が非常に抽象的であるため、その解釈において多義性が見られるのである。

　これまで述べたように、neunde と jiman、kedo と ga、及び noni は、表面的な解釈においては類似点が非常に多い。しかし、その機能である指示内容には抽象度の差があり、noni ＜ jiman ＜ kedo ＜ ga ＜ neunde の順に抽象度が高くなる。そして、抽象度が高いほど様々な解釈が可能となり、多義性につながる。以上の考察で、表面的解釈のみでは分からなかった類似表現の異同が明らかになり、指示の抽象度と解釈の多義性という側面から接続表現を捉えることができた。このような観点は、今後ここで取り上げた表現以外の分析にも活用できると思われる。

3.　本章のまとめ

　本章では neunde と jiman、kedo と ga、及び noni が接続する事態の流れと各形式の機能、及び解釈を比べ、以下のことを示した。

① neunde は特定の事態の流れを指示せず、単に関連性のある事態として前後件を提示するため、「-～0～+」にわたって解釈される。

② jiman と kedo、noni は「-」の流れの指示である。しかし、kedo はノダを伴うことで「-」の流れへの限定が解除され、「0」の事態関係まで接続範囲が拡張される。

③ kedo と jiman は意味論と語用論のレベルにおける不一致を接続するが、noni は意味論的不一致のみ接続する。

④ ga は「+」の流れを排除する指示である。

⑤ noni ＜ jiman ＜ kedo ＜ ga ＜ neunde の順に接続指示の抽象度が高くなり、解釈の多義性が際立つ。

＊1　否定が関わっている場合（a）と非従属的な用法（b）は除く。
　　a. 足が痛いのに、そんなに遠くまで歩けませんよ。
　　b. 明子さんはお若いのに、もっと派手にしてくださいよ。【前田（2009:
　　　217）】
＊2　これについては日本語母語話者の間でも判断が異なり、自然だと感じる
人と不自然だと感じる人、ポーズが入れば自然だと感じる人に分かれた。ポー
ズがあれば容認度が上がる傾向はあり、注1のbと同じ文構造だと思われる。
＊3　ノダが共起するノダケドの場合に限ってケース5として使用されること
がある。
＊4　カラやノデに置き換えられケース1に見える用例があったが、否定のス
コープを考慮すればケース2であることをnoniの特徴の一つとして記述した。
＊5　アンケート調査はソウルと首都圏地域、釜山とその周辺地域に居住して
いる20代から40代の韓国語母語話者46人を対象に行った。職業は会社員が
多く、20代のインフォーマントは一部大学生も含まれている。

終章

本書は対応表現とされてきた現代韓国語の neunde と、日本語の kedo を取り上げ、用例分析を通して両形式の使い分けと機能を考察した。neunde の用例分析では、分類基準になる四項目を見出した。この分類基準は非常に多様な振る舞いをする neunde の分析に有効であったため、他形式にも利用できると考えた。その二次検証として日本語の対応表現 kedo を対象に分析を行った。さらに、neunde の類似表現 jiman と kedo の類似表現 ga、及び noni を取り上げ、分類基準の利用可能性を試した。本章ではこれまでの考察内容を振り返り、研究の意義と今後の課題をまとめる。

1. 全体の要約

1.1 複文分類基準の確立

従来の研究では用法分類の基準が明確ではなく、分類の意義と分類間の関係が示されていないという問題があったため、ここでは分類基準の提示を第一目標にした。収集した neunde の用例を形態・統語・意味的な面で分析した結果、「前提」、「前提との一致」、「対立」、「前件命題の希薄化」の四項目が neunde の使い分けに関わっており、その該当状況によって用例がいくつかのグループに分類されることが分かった。そこで、これらを neunde の使い分けを決める重要な要因であると見て、分類基準として設定した。さらに、これらの項目は同等なものとして、それぞれが独立しているわけではなく、お互い上下関係や該当状況の含意が見られるなど分類基準の間には階層性が存在していた。また、分類基準によって分かれた用例のグループは非常に広範囲に渡っており、neunde が解釈される一つのパターンとして捉えることにした。この特徴を反映して、従

来の研究のように用法で名づけることはせず、各グループをケースと呼んだ上で番号を付けた。分類基準の階層性と、それによるneunde のケース分けは、下の表のように表すことができる。

表1　neunde の分類基準と階層性

分類基準					分類結果
前提	有	前提との一致	有		ケース1
			無		ケース2
	無	対立	有		ケース3
			無	前件命題の希薄化	有	ケース4
					無	ケース5

　neunde の用例は前提の有無で大きく二分することができる。前提に一致すればケース1、一致せず食い違っていればケース2となる。前提が見られない用例は、前後件の意味内容において対立があればケース3となる。さらに、対立がない場合は、前件の命題内容が希薄化していればケース4、希薄でなければケース5に分かれる。

　このように分類基準を設けることで、neunde の使い分けをケース1からケース5まで分類できた。従来の研究では分類の基準が示されなかったため、分類の結果が曖昧であり、下位分類の妥当性と用法間の関係の理解が困難であった。これらの問題は分類基準を明確にすることによって解決し、全ての用例を同じ条件で分析することで用法間の関係も明らかになった。このケース分けからもneunde の接続範囲の広さが示され、他の接続表現に比べ非常に多義的であることが分かった。さらに、多義性が高い接続表現の分類基準なら、対応表現とされる kedo や、類似表現の分析にも適用可能性があると見て、その一般性の検証を試みた。その結果を以下にまとめる。

1.2　neunde と kedo の異同

　前述のように、今回分析した neunde の用例はケース1からケース5まで存在した。一方、kedo はケース2からケース5までの存在し、両形式が接続可能な範囲は一致しないことが明らかになった。

ケース1は前提と一致する事態が後件に現れるが、neundeでしか見られず、kedoの接続可能な範囲ではないことが分かった。neundeのケース1は後件に当為のモダリティや勧誘、命令など聞き手に働きかける形式が用いられる特徴があった。また、発話状況においても前提に一致する事態が未実現のままである点で、一般的な順接関係とは異なる特徴があった。ケース2は食い違いから生じる驚きや不満が表現されるが、これはneundeとkedoで共通して見られた。ところが、同じ食い違いの事態であっても、日韓で表現方法は異なった。neundeは疑問文形式を用いて食い違った結果について問いかけたり、疑問文の二次的意味として反語や非難の意味合いを帯びることが多かった。その反面、kedoは食い違いがある事態の流れを淡々と叙述する用例が多く、疑問文形式はほとんど現れなかった。

　一方、前提がなく対立がある前後件を結ぶケース3はneundeとkedoの両形式において見られ、取り立て助詞の使用も共通点として挙げられる。前件の命題内容が希薄化し、意味内容の対立は成さないケース4は、発話のリスクが高い後件に付けた注釈として用いられた。意味的には対立が見られないが、語用論レベルにおける発話機能の対立が特徴だった。最後のケース5は、説明対象の提示と説明という構造が見られた。neundeが他の形式と共起しない反面、kedoの叙述文はノダと共起しノダケドの形で用いられた。ここからケドとノダケドを比べ、kedoで不一致の見られないケース5を接続する際には、ノダの助けが必要であることを述べた。この内容を以下の表にまとめておく。

表2　neundeとkedoのケース分け

分類基準とケース分け						neunde	kedo
前提	有	前提との一致	有		ケース1	○	
			無		ケース2	○	○
	無	対立	有		ケース3	○	○
			無	前件命題希薄化	有 ケース4	○	○
					無 ケース5	○	△

終章　157

以上のように、この分類基準は neunde と、その対応表現とされる kedo の分類にも有効であることが分かった。分類基準を明確に示したことで、各ケースの形態・意味的特徴とケース間の関係、さらには両形式の異同が明らかになった。日韓の対応表現とされてきた neunde と kedo は、実はその接続できる範囲が異なるものだった。この分析は kedo に分類基準の適用を試した二次検証になり、分類基準が有効であることが確認された。それによって分類基準の活用可能性が広がり、関連する類似表現にも以下のように有効性が見られた。

1.3 類似表現の分析

neunde や kedo と密接な関わりを持っている形式として、韓国語には jiman、日本語には ga と noni という接続表現がある。これらは意味・用法の類似性が高く、多様な前後内容を結ぶ特徴も共通している。そのため、使い分けの異同を区別することは大変難しく、具体的な説明がされていないままだった。同じ分類基準で用例分析を行った結果、これらの形式は接続範囲が異なることが分かった。以下の表は各形式の用例で見られたケース分けを比べたものである。

表3 類似表現のケース分け

分類基準とケース分け						neunde	jiman	kedo	ga	noni
前提	有	前提一致	有		ケース1	○				
			無		ケース2	○	○	○	○	○
	無	対立	有		ケース3	○	○	○	○	○
			無	前件希薄 有	ケース4	○	○	○	○	
				前件希薄 無	ケース5	○		△	○	

neunde の類似表現である jiman は、ケース2からケース4まで存在し、neunde より接続する範囲が狭いことが分かる。また、共通部分であるケース2においても、neunde と違って疑問文形式は見られず、平叙文が最も多かった。文体やテキストの種類にも相違点が見られ、neunde は話しことばと書きことばを区別せず用いられる反面、jiman は話しことばより書きことばにて頻繁に現れた。

さらに、jimanは話しことばの中でも格式ばった場面や公の発話で多く使用される傾向があった。

　一方、日本語のkedoとgaは、先行研究で一緒に扱われることが多く、その類似性が非常に高かった。本書の分類でもケース2からケース4までの範囲で共通して見られた。しかし、ケース5においては相違点があった。特に平叙文の場合、ケース5のkedoはノダと共起が必要だった反面、gaにおいてノダとの共起はあまり見られず、単独でケース2からケース5まで接続できる。また、テキストの種類にも違いがあり、kedoは話しことば、gaは書きことば中心であった。gaは話しことばで用いられる場合、丁寧体と連接することが多く、より改まった感じを与えると言える。そして、noniはケース2とケース3が見られ、何らかの不一致がある前後件関係を結ぶことが分かった。

　以上の考察で、従来の研究で同一形式とされてきたneundeとjiman、kedoとga、及びnoniの詳細、さらに対応表現とされてきたneundeとkedoの関係が明らかになった。これらの関係の曖昧さから生じる混乱が解消され、今後日本語と韓国語学習への活用も期待できる。また、四項目の分類基準がneundeとkedo以外の接続表現の分析にも有効であることが再び検証された。しかし、なぜ同じ形式でここまで広範囲の接続ができるかについては疑問が残り、各ケースの事態の流れから捉えた関連性について以下のような考察があった。

1.4　各形式の接続範囲と機能

　本書で取り上げた韓国語のneunde、jiman、日本語のkedo、ga、noniの使用は表4のようにケース分けされた。接続できる範囲の広さはneunde > ga > kedo > jiman > noniの順であり、ケース2から4までは前提と食い違った結果、前後件内容や発話機能における対立など、何らかの不一致が見られる。この前後件の関係は相反する流れ、即ち「－」の流れである。反対に、前提に一致した後件事態が現れるケース1は同じ流れ、即ち「＋」の流れであり、不一致や相乗関係が見られないものは「0」の流れであると述べた。こ

終章　159

表4　各形式のケース分けと事態の流れ

ケース分け	事態の流れ	neunde	jiman	kedo	ga	noni
ケース2						
ケース3	−					
ケース4						
ケース5	0					
ケース1	+					

れらの接続表現を事態の流れで再び考えてみると、neunde は「−
〜0〜＋」、ga は「−〜0」、jiman と noni は「−」の領域を接続す
ることが分かる。kedo は「−」の領域を基本とするが、ノダが共
起すれば「0」の事態関係も結ぶことができる。

　このように、接続範囲が広く、多様な使い分けがある接続表現に
ついては、全ての使い分けを統括する機能を提示する必要がある。
また、複文内における機能と実際の解釈を区別しなければならない。
そこで、neunde のような様々な使い分けを接続表現の多義性と説
明し、各形式には以下のような機能があると提案した。neunde は
特定の事態の流れを指示せず、前後件の関連性を保証する抽象的な
機能を持つため、解釈の多義性が最も際立つ。一方、相反する事態
の流れのみ接続する kedo と jiman、及び noni の機能は不一致の結
びつきの指示であり、kedo はノダを伴うことで「−」の流れが解
除され、「0」の事態関係まで接続することになる。最後に、ga は
「＋」の流れの排除として考えられる。これらは表面的な解釈にお
いては類似点が多いが、お互い異なる機能を持って複文を構成して
いることが分かった。

　ここまでの考察内容を振り返り、neunde と kedo、及び関連形式
の関係を確認した。従来の研究では用法分類をしながらも、その基
準が明確ではないため、分類の妥当性を示せないことが多かった。
ここでは四項目の基準を設けて分析を進めることで、全ての用例を
同じ条件で分析することができた。これは分析者の主観の介入を抑
える装置であり、分析結果の妥当性を裏付ける根拠でもある。

　この分類基準で neunde 以外にも日本語の kedo を分析し、両者

の相違点を明らかにした。両形式には共通点が多いが、接続する範囲が完全に一致しているわけではなく、共通部分でも表現様式の違いがあった。しかし、接続する意味範囲が非常に広く、多義性が見られる接続表現という性質を共有していた。これは従来の研究で対応形式とされてきた neunde と kedo の違いを明確に示すもので、分類基準の有効性をもう一度確認できた。

　最後に、類似表現の分析でも分類基準は有効で、neunde と jiman、kedo と ga、noni の異同と関係が分かった。各形式の接続できる範囲も示され、多義性が際立つ結果となった。以上の接続表現を対象に分類基準を試した結果、接続表現の下位分類と分類間の関係把握に、有効な手段であることが分かった。また、接続表現の接続範囲を明確に示すことで、それぞれの特徴が分かりやすくなった。この分類基準は今後他の接続表現の分析と位置づけにも活用できることが期待され、複文分析の枠組みを提案したことで意義がある。

2. 課題と展望

　これまで韓国語の neunde と日本語の kedo の考察において、共通の分類基準を設け、複文分析の枠組みとして可能性を示した。ここでの分析内容は外国語教育の分野での要求を満たし、応用できる可能性が高いと思われる。個別形式の特徴と形式間の異同を示すことができるので、各形式を接続表現全体の中で有機的に捉えられる。接続表現が多い韓国語と日本語の学習において、より分かりやすい説明が期待される。とはいえ、不十分な点もあり、未だ課題が多く残されている。

　第一に、多義的接続表現における使い分けの拡張について説明されていない。今回の分析ではケース分けを示し、主に意味分類においてケース間の関係を表すことに留まった。ところが、ケース分布でも確認したように、使用頻度には差があり、中心となるケースと周辺的なケースに分かれる可能性がある。そのように各ケースを捉えた場合、使い分けと接続範囲における拡張の方向や順序、理由も

考察すべきである。

　第二に、接続表現の多義性は一般的な現象なのかという問題である。今回対象にした表現は全て複数のケースに分かれたが、これは他の接続表現でもよくあることなのか、より多くの形式を対象に実態を調べる必要がある。その上で、多義的接続表現と一義的接続表現の解釈課程が明確に示されれば、両者の仕組みとその違いがより深く理解できると思われる。

　第三に、言いさしや終助詞化、終結語尾化と呼ばれる現象がある。今回対象にした接続表現は、節と節を結ぶ接続の機能以外にも終助詞や終結語尾としての使い方がされている。これは接続の機能から文法化されたものだと言われているが、節の連接とは異なる特徴を持っているため、両者を分離して分析した方が良いと判断した。今後は終助詞、終結語尾としての使い分けの特徴を調べ、接続助詞、接続語尾としての使い方との関係、文法化の過程や理由について調べてみたい。

用例分析の確認項目一覧表

接続表現		neunde					jiman			kedo				ga				noni	
ケース		1	2	3	4	5	2	3	4	2	3	4	5	2	3	4	5	2	3
前件述語種類	動詞	+	+	+	+	+	+	+	+	+	+	+	+	+	+	+	+	+	+
	形容詞	+	+	+	+	+	+	+	+	+	+	+	+	+	+	+	+	+	+
	名詞	+	+	+	+	+	+	+	+	+	+	+	+	+	+	+	+	+	+
	存在詞	+	+	+	+	+	+	+	+	+	+	+	+	+	+	+	+	+	+
前件テンス	非過去	+	+	+	+	+	+	+	+	+	+	+	+	+	+	+	+	+	+
	過去	+	+	+	+	+	+	+	+	+	+	+	+	+	+	+	+	+	+
後件述語種類	動詞	+	+	+	+	+	+	+	+	+	+	+	+	+	+	+	+	+	+
	形容詞	+	+	+	+	+	+	+	+	+	+	+	+	+	+	+	+	+	+
	名詞	−	+	+	+	+	+	+	+	+	+	+	+	+	+	+	+	+	+
	存在詞	−	+	+	+	+	+	+	+	+	+	+	+	+	+	+	+	+	+
後件テンス	非過去	+	+	+	+	+	+	+	+	+	+	+	+	+	+	+	+	+	+
	過去	−	+	+	+	+	+	+	+	+	+	+	+	+	+	+	+	+	+
文形式	平叙	+	+	+	+	+	+	+	+	+	+	+	+	+	+	+	+	+	+
	疑問	+	+	+	+	+	+	+	−	+	+	+	+	+	+	+	+	+	+
	勧誘	+	−	−	+	−	−	+	−	−	+	−	−	−	+	−	−	−	−
	命令	+	−	−	−	−	−	−	−	−	−	−	−	−	−	−	−	−	−
取り立て助詞		−	−	+	−	−	−	+	−	−	−	−	−	−	+	−	−	−	+
モダリティ		+	−	−	−	−	−	−	−	+	−	−	−	−	−	−	−	−	−
倒置		−	−	+	−	−	−	+	−	−	−	−	−	−	+	−	−	−	+
前件省略		−	−	−	+	−	−	−	+	−	−	−	−	−	+	−	−	−	−
因果		+	+	−	−	−	−	+	−	+	−	−	−	+	−	−	−	+	−
順序		−	−	−	−	−	−	−	−	−	−	−	−	−	−	−	−	−	−
置き換え表現 日本語	ケド	−	+	+	+	−	+	+	+					+	+	+	+	+	+
	ノダケド	−	+	−	+	+	+	−	+		+	−	+	+	−	+	+	+	+
	ガ	−	+	−	+	−	+	+	+	+	+	+	+					+	+
	カラ	+	−	−	−	−	−	−	−	−	−	−	−	−	−	−	−	−	−
	ノニ	+	+	+	−	−	+	+	−	+	+	−	−	+	+	−	−		
置き換え表現 韓国語	neunde						+	+	+	+	+	+	+	+	+	+	+	+	+
	jiman	−	+	+	+	−				+	+	+	−	+	+	+	−	+	+
	nikka	+	−	−	−	−	−	−	−	−	−	−	−	−	−	−	−	−	−
	a/eoseo	−	−	−	−	−	−	−	−	−	−	−	−	−	−	−	−	−	−

参考文献

【日本語文献】

阿部純一他（1994）『人間の言語情報処理』サイエンス社

石黒圭（1999）「逆接の基本的性格と表現価値」『国語学』198, 114–129

石田恵里子（1995）「接続助詞「が」・「けど」の文末用法について」『日本語の研究と教育：窪田富男教授退官記念論文集』専門教育出版, 320–335

伊藤勲（1986）「接続助詞「が」の用法」『国際学友会日本語学校紀要』10, 79–117

伊藤享介（2005）「接続助詞ケドの諸用法の統一的説明」『名古屋大学国語国文学』96, 116–120

池上素子（1997）「「のに」・「ながら」・「ものの」・「けれども」の使い分けについて」『北海道大学留学生センター紀要』1, 18–38

池上素子（1999）「「けれど」と「のに」」『北海道大学留学生センター紀要』3, 15–29

石垣謙二（1955/1985）『助詞の歴史的研究』岩波書店

今尾ゆき子（1994）「「ケレド」と「ノニ」の談話機能」『世界の日本語教育』4, 147–163

岩澤治美（1985）「逆接の接続詞の用法」『日本語教育』56, 39–50

内田安伊子（2001a）「「けど」による補足表現について」『表現研究』73, 9–15

内田安伊子（2001b）「「けど」で終わる文についての一考察：談話機能の視点から」『日本語教育』109, 40–49

梅岡巳香（2004）「日本語表現の特徴をさぐる」『昭和女子大学大学院日本文学紀要』15, 9–19

大浜るい子（2009）「接続助詞ケドの用法間の関係再考」『広島大学日本語教育研究』19, 1–9

大堀壽夫（2012）「文の階層性と接続構造の理論」『國語と國文學』11, 42–52

大堀壽夫（2014）「従属節の階層を再考する：南モデルの理論的基盤」『日本語複文構文の研究』ひつじ書房, 645–672

岡野ひさの（2007）「いわゆる逆接のノニは何を表すか」『日本語文法』7（1）, 69–86

生越直樹（1987）「日本語の接続助詞「て」と朝鮮語の連結語尾〈a〉〈ko〉」『日本語教育』62, 91–104

生越直樹（1988）「連体形とテ形について」『横浜国大国語研究』6, 62–71

尾谷昌則（2003）「主体化に関する一考察：接続詞「けど」の場合」『日本認

知言語学会論文集』3，85–95

尾谷昌則（2004）「発話者志向の語用論：「けど」の手続き的意味を通じて」
　　『日本言語学会第 129 回大会予稿集』，81–86

尾谷昌則（2005a）「自然言語に反映される認知機能のメカニズム：参照点能
　　力を中心に」京都大学大学院人間環境学研究科博士論文

尾谷昌則（2005b）「接続詞ケドの手続き的意味」『語用論研究』7，17–30

金城克哉（2002）「文末表現「けれども」の機能についての再考」『Ryudai
　　Review of Euro-American Studies』46，43–63

亀田千里（1998）「接続助詞「が」の提題用法について」『日本語と日本文学』
　　26，1–9

衣畑智秀（2005）「日本語の「逆接」の接続助詞について―情報の質と処理単
　　位を軸に」『日本語科学』17，47–64

京極興一（1977）「接続詞「が」：その発達と用法をめぐって」『国語学と国語
　　史：松村明教授還暦記念』明治書院，577–592

グループ・ジャマシイ（1998）『日本語文型辞典』くろしお出版

見坊豪紀・金田一京助他編（2008）『三省堂国語辞典第 6 版』三省堂

金勝漢（1991）「接続助詞「が」「のに」の意味・用法をめぐって」『上智大学
　　国文学論集』24，125–141

小泉保（1987）「譲歩文について」『言語研究』91，1–14

小出慶一（1984）「接続助詞ガの機能について」『アメリカ・カナダ十一大学
　　連合日本語研究センター紀要』7，30–44

国立国語研究所（1951）『現代語の助詞・助動詞：用法と実例』秀英出版

蔡明杰（2010）「ケド中断節構文による「主観性・主観化」及び「間主観性・
　　間主観化」について」『日本言語学会第 141 回大会予稿集』，122–127

才田いずみ・小松紀子・小出慶一（1984）「表現としての注釈―その機能と位
　　置づけ―」『日本語教育』52，19–31

坂口至（1990）「近世上方語における接続助詞ケレドモの発達」『語文研究』
　　70，23–46

坂原茂（1985）『日常言語の推論』東京大学出版会

佐竹久仁子（1986）「「逆接」の接続詞の意味と用法」『論集日本語研究（一）
　　現代編』，162–185

佐藤勢紀子（1993）「言いさしの「が／けど」の機能：ビデオ教材の分析を通
　　じて」『東北大学留学生センター紀要』1，39–48

佐藤勢紀子（1994）「中上級日本語教育における中断文「が／けど」の扱い方」
　　『東北大学留学生センター紀要』2，17–25

池玟京（2012）「韓国語接続助詞 neunde の機能」『言語情報科学』10，37–53

池玟京（2013）「現代韓国語の接続語尾「는데 neunde」について」『朝鮮語研
　　究』5，129–162

白川博之（1996）「「ケド」で言い終わる文」『広島大学日本語教育学科紀要』
　　6（2），9–17

白川博之（2007）「従属節による「言いさし文」の談話機能に関する研究」広
　　島大学大学院教育学研究科博士論文

鈴木浩（2001）「接続助詞ガの成立過程：石垣説をうけて」『国語学』52（1），

78–79

田窪行則（1987）「統語構造と文脈構造」『日本語学』6（5），37–48

田窪行則（2010）『日本語の構造：推論と知識管理』くろしお出版

田野村忠温（1989）「不適条件表現に関する覚書」『奈良大学紀要』17，164–176

角田三枝（2004）『日本語の節・文の連接とモダリティ』くろしお出版

寺村秀夫（1981）『日本語の文法（下）（日本語教師指導参考書5)』国立国語研究所

寺村秀夫（1982a）「日本語における単文、複文認定の問題」『講座日本語学第11巻：外国語との対照文法Ⅱ』明治書院

寺村秀夫（1982b）『日本語のシンタクスと意味Ⅰ』くろしお出版

寺村秀夫（1984）『日本語のシンタクスと意味Ⅱ』くろしお出版

寺村秀夫（1991）『日本語のシンタクスと意味Ⅲ』くろしお出版

戸村佳代（1989）「日本語における二つのタイプの譲歩文：「ノニ」と「テモ」」『文藝言語研究　言語篇』15，123–133

中里理子（1997）「逆接確定条件の接続助詞：ガ・ノニ・モノノ・テモ・ナガラについて」『言語文化と日本語教育』13，160–170

中右実（1994）「日英条件表現の対照」『日本語学』13（8），42–51

中溝朋子（2003a）「いわゆる逆接のケドとノニの交換性について」『大分大学教育福祉科学部研究紀要』25（1），87–96

中溝朋子（2003b）「会話に特徴的なケドの機能」『松田徳一郎教授追悼論文集』研究社

長田久男（1988）「接続助詞「が」の働きと、それに着目した自覚的な分析読み」『岡山大学教育学部研究集録』77，1–9

永田良太・大浜るい子（2001）「接続助詞ケドの用法間の関係について：発話場面に着目して」『日本語教育』110，62–71

永田良太（2001a）「自由談話における接続助詞ケド：接続機能と談話展開の関わりについての一考察」『広島大学大学院教育学研究科紀要』50（2），265–272

永田良太（2001b）「接続助詞ケドによる言いさし表現の談話展開機能」『社会言語科学』3（2），17–26

永田良太（2002）「談話に基づく接続助詞ケドの機能に関する研究」広島大学博士論文

永田良太（2003）「接続助詞ケド/ケレド/ケレドモ/ケドモ/ガの使い分けに関する一考察」『教育学研究紀要』49（2），726–731

永田良太（2009）「複文発話の構文的特徴と聞き手の言語的反応との関わり：ケド，タラ，カラを中心に」『日本語科学』25，5–22

永田良太（2010）「接続助詞ケドの発話解釈過程と聞き手の言語的反応との関わり」『鳴門教育大学研究紀要』25，251–260

名嶋義直（2007）『ノダの意味・機能：関連性理論の観点から』くろしお出版

西尾実・岩淵悦太郎・水谷静夫編（2011）『岩波国語辞典第7版』岩波書店

西田直敏（1977）「助詞（1)」『岩波講座日本語7文法Ⅱ』273–287，岩波書店

西原鈴子（1995）「逆接的表現における三つのパターン」『日本語教育』56，
　　28–38

日本語記述文法研究会（2003）『現代日本語文法4　第8部モダリティ』くろ
　　しお出版

日本語記述文法研究会（2008）『現代日本語文法6　第11部複文』くろしお
　　出版

日本語文法学会（2014）『日本語文法事典』大修館書店

野田春美（1995）「ガとノダガ：前置きの表現」『日本語類義表現の文法（下）
　　複文・連文編：宮島達夫・仁田義雄（編）565–572

野田春美（1997）『の（だ）の機能』くろしお出版

原田登美（1998）「逆接の接続助詞：「ケド」「ノニ」「クセニ」『言語と文化』
　　2，73–84

朴丹香（1989）「現代日本語の接続助詞の機能について：いわゆる逆接の接続
　　助詞「けれども（が）」と「のに」の意味と用法をめぐって」『岡大国文論
　　考』17，101–112

東森勲・吉村あき子（2003）『関連性理論の新展開：認知とコミュニケーショ
　　ン』研究社

前田直子（1995）「ケレド・ガとノニとテモ」『日本語類義表現の文法（下）
　　複文・連文編：宮島達夫・仁田義雄（編）496–505，くろしお出版

前田直子（2009）『日本語の複文』くろしお出版

益岡隆志（1997）『新日本語文法選書2　複文』くろしお出版

益岡隆志・田窪行則（1992）『基礎日本語文法：改訂版』くろしお出版

松久香（1996）「接続助詞「が」を含む複文の研究」『国際交流セミナー研究
　　論文集』7，39–45

松本哲洋（1989）「接続助詞「が」の用法に関する一考察」『麗澤大学紀要』
　　49，205–214

南不二男（1974/1998）『現代日本語の構造』大修館書店

南不二男（1993）『現代日本語文法の輪郭』大修館書店

三原嘉子（1995）「接続助詞ケレドモの終助詞的用法に関する一考察」『横浜
　　国立大学留学生センター紀要』2，79–89

宮内佐夜香（2007）「江戸語・明治前期東京語における接続助詞ケレド類の発
　　達と変化：ガと対比して」『日本語の研究』3（4），1–16

宮内佐夜香（2010）「通時的変化を背景とした接続助詞ガとケレド類の機能に
　　ついての調査：『現代日本語書き言葉均衡コーパス』を資料として」『都大
　　論集』47，1–15

宮内佐夜香（2012）「接続助詞とジャンル別文体的特徴の関連について：『現
　　代日本語書き言葉均衡コーパス』を資料として」『国立国語研究所論集』
　　3，39–52

宮地裕（1983）「二文の順接・逆接」『日本語学』2（12），22–29

森田良行（1980）『基礎日本語2』角川書店

森田良行（1987）「文の接続と接続語」『日本語学』6（9），28–36

森野宗明（1970）「接続助詞としての「が」：成立過程を中心に」『文法』2–11

丹羽哲也（1998）「逆接表す接続助詞の諸相」『人文研究』50，743–777

丹羽哲也（1999）「対立的な並列を表す接続助詞「が」」『大阪市立大学文学部創立五十周年記念国語国文学論文集』715-730，和泉書院

山崎深雪（1998）「接続助詞ガの談話機能について」『広島大学教育学部紀要』47（2），229-238

渡部学（1995）「ケド類とノニ：逆接の接続表現」『日本語類義表現の文法（下）複文・連文編：宮島達夫・仁田義雄（編）』557-564，くろしお出版

渡部学（2000）「逆接表現の記述と体系：ケド、ワリニ、ノニ、クセニをめぐって」『現代日本語研究』7，112-133

【英語文献】

Blakemore, Diane（1987）*Semantic Constraints on Relevance*. Oxford: Blackwell

Carston, Robyn（2002）*Thoughts and Utterances:The Pragmatics of Explicit Communication*. Oxford: Blackwell（内田聖二他（訳）（2008）『思考と発話：明示的伝達の語用論』研究社）

Greene, Judith（1986）*Language Understanding*：*A Cognitive Approach*. Berkshire: Open University Press（長町三生（訳）（1990）『認知心理学講座4：言語理解』海文堂）

Horie, Kaoru and Kaori Taira（2002）"Where Korean and Japanese Differ: Modality vs. Discourse Modality". Akatsuka,Noriko and Susan Strauss（eds.）*Japanese/Korean Linguistics 12*. Stanford:CSLI. 178-191

Itani, Reiko（1992）"Japanese Conjunction *Kedo*（*But*）in Utterance-Final Use: A Relevance-Based Analysis". *English Linguistics 9*. 265-283

Langacker, Ronald W.（1999）Grammar and Conceptualization. Berlin: Mouton de Gruyter.

Lee, Keedong（1980）"The Pragmatic Function of The Connective *Nuntey*". 언어 5-1. 137-191

Nakayama, Toshihide and Kumiko Ichihashi-Nakayama（1997）"Japanese *Kedo*: Discourse Genre and Grammaticization". Shon, Ho-min and John Haig（eds.）*Japanese/Korean Linguistics 6*. Stanford:CSLI. 607-618

Noh, Eunju（2008）"The Meaning of A Korean Connective -*Nuntey*". 담화·인지언어학회 학술대회 발표논문집. 117-126

Park, Yong-yae（1998）"The Korean Connective *Nuntey* in Conversational Discourse". *Journal of Pragmatics 31*. 191-218

Sperber, Dan and Deirdre Wilson（1986/1995）*Relevance:Communication and Cognition*. Oxford: Blackwell（内田聖二（訳）（1993）『関連性理論：伝達と認知』研究社）

Sweetser, Eve（1990）*From Etymology to Pragmatics: Metaphorical and Cultural Aspects of Semantic Structure*. Cambridge: Cambridge University Press.

【韓国語文献】

韓国国立国語院 국립국어원（2005）『외국인을 위한 한국어 문법 2：용법편』커뮤

니케이선북스

Baek, Bongja 백봉자 (2006)『외국어로서의 한국어 문법사전』하우

Ha, Chigeun 하치근 (2003)「'데'짜임월의 문법화 과정 연구」『한글』261, 97–121

Im, Jiryong 임지룡 (1992)『국어의미론』탑출판사

Jang, Gyeonghui 장경희 (1995)「'-는데'로 표현되는 배경와 모습 관계의 특성」『한양어문연구』13, 1103–1122

Jang, Seungil 장승일 (1989)「인지세계 (U) 와 가능세계 (m) 의미론에서 본 접속어미 '-ㄴ데'」『국어국문학논총Ⅲ (이정정연찬선생 회갑기념논총)』896–916, 탑출판사

Kim, Jihye 김지혜 (2004)「{는데} 의 문법화와 담화기능 연구」경희대석사학위논문

Kim, Yongseok 김용석 (1981)「연결어미 '-는데'에 대하여」『배달말』6, 269–291

Kwon, Jaeil 권재일 (1985)『국어의 복합문 구성 연구』집문당

Kwon, Jaeil 권재일 (2006)『한국어 통사론』민음사

Lee, Changdeok 이창덕 (1994)「'-는데'의 기능과 용법」『텍스트언어학』2, 239–259

Lee, Eungyeong 이은경 (2000)『국어의 연결어미 연구』태학사

Lee, Gidong 이기동 (1979)「연결어미 '-는데'의 화용상의 기능」『인문과학』40/41, 117–142

Lee, Huija and Jonghui Lee 이희자・이종희 (2001)『어미조사사전』한국문화사

Lee, Ikseop 이익섭 (2005)『한국어 문법』서울대학교출판부

Lee, Sohyeon 이소현 (2015)「수사구조 이론에 기반한 '-지만'의 의미연구」『언어와 언어학』66, 301–323

Nam, Gisim 남기심 (2001)『현대 국어 통사론』태학사

Nam, Gisim and Yeonggun Go 남기심・고영근 (2011)『국어문법론』태학사

Park, Jihyeon 박지현 (1996)「연결어미 '-는데'의 의미통사적 특징」한국외대석사학위논문

Park, Jongho 박종호 (2013)「한국어 연결어미 '-지만'의 특성과 기술 방안」『인문과학연구』37, 171–202

Seo, Jeongsu 서정수 (1973)「접속어미 {ーㄴ/는데} 에 관하여」『국어국문학』61, 96–98

Seo, Jeongsu 서정수 (2006)『국어문법』한세본

Yang, Inseok 양인석 (1972)「한국어의 접속화」『어학 연구』8–2, 1–25

Yang, Sujin 양수진 (2003)「'-는데'의 문법화 연구」한국외대석사학위논문

Yun, Pyeonghyeon 윤평현 (1999)「국어의 상황관계 접속어미에 대한 연구」『한국언어문학』43, 603–625

Yun, Pyeonghyeon 윤평현 (2005)『현대국어 접속어미 연구』박이정

【ウェブサイト】

http://www.kbs.co.kr

http://www.sbs.co.kr

http://www.imbc.com
http://www.naver.com
http://cafe.naver.com/cgtstar

索　引

い

意外感　101
意外性　58
異形態　5, 7, 108
意志　51
異質性　93, 148
意味構成素　40
意味論　69
因果関係　89, 96, 138

う

打消し　147

え

F-G関係　20

お

驚き　58, 89

か

解釈　152
概念的意味　14
書きことば　77
確認要求　51
仮定的レアリティー　35
勧誘　51
関連性　105, 153
関連性理論　14

き

聞き手の情報認識　103, 106
棄却　19
既定　64
機能　152
希薄化　40, 42, 66, 97
希望　88
疑問文　58, 60, 91, 99, 127
逆原因文　34
逆原因文・理由文　138
逆接　18, 19

く

食い違い　57, 65, 69, 87, 101, 123, 132, 147

け

原因・理由文　34, 47

こ

個体　71
語用論　70, 98, 149
根拠　52, 146

さ

削除　41

し

事実文　34
事態　71

事態関係　146
事態展開　37, 57
事態の流れ　146, 150
事態レベル　33
主体化　20
主題　70, 72
従属句　15
従属度　16, 17
順接　52, 132
条件文　34
状況接続素　11
状況提示語　14
状況の点検　14
譲歩　18, 96
情報量　42, 72
譲歩文　34
信念　88

――――
す

推測　88
推量　91

――――
せ

接続語尾　5, 7
接続助詞　130
説明　105
説明対象　71
前提　30, 32, 33, 35, 36

――――
そ

相乗効果　147
属性　96

――――
た

対照　119
対比　18, 93
対比項目　62, 64
対立　38, 39, 61, 63, 65, 93, 106, 123, 132
対立関係　20

多義性　153
断絶　147, 148
短絡　141

――――
ち

注釈　68, 97, 124
抽象度　153

――――
て

丁寧体　7, 9, 90, 134
手続き的意味　14, 19
手続き的コード　15

――――
と

問いかけ　61, 91
当為性　48, 51
等位節　17, 39
当為判断　33
取り立て助詞　38, 39, 64, 94

――――
に

二次的意味　92
認識主体　36
認識レベル　33

――――
の

ノダ　99, 101, 109, 111, 136, 150

――――
は

背景設定素　13
働きかけ　49, 51, 61, 91
発話機能　98
発話行為　40
発話行為領域　40, 67, 68, 149
発話のリスク　69
話しことば　76
反語　59, 60

反事実的条件文　34
反対　119

ひ

否定のスコープ　139
非難　59, 60, 90
評価　70, 72
評価のモダリティ　48

ふ

不一致　109, 125, 142
普通体　9
不満　89
分類基準の階層性　47

へ

平叙文　99, 127

ま

前置き　97

み

未実現　52, 53

め

命題内容領域　67
命令　51

も

モダリティ　48

ゆ

唯一性　95
誘導推論　95

よ

抑制　19
予想　88
予測　138

り

リスク　98
理由　52, 146
理由文　34, 47
論理文　34

れ

レアリティー　34

索　引　175

池玟京（じ みんぎょん）

略歴

1983年韓国ソウル生まれ。2006年、ソウル大学校言語学科卒業。2010年、東京大学大学院総合文化研究科修士課程修了。2017年、同研究科博士課程修了（学術博士）。現在、東京大学教養学部特任講師。

主な著書・論文

「韓国語接続助詞 neunde の機能」（『言語情報科学』10、2012年）、韓国朝鮮語初級テキスト『根と幹』（共著、朝日出版社、2015年）、韓国朝鮮語中級テキスト『花と実』（共著、朝日出版社、2017年）、「韓国語接続語尾‘-지만’：‘-는데’との比較を中心に」（『朝鮮語研究7』、2017年）。

ひつじ研究叢書〈言語編〉第155巻

接続表現の多義性に関する日韓対照研究

A Japanese-Korean Contrastive Study on
Polysemy of Connectives
Minkyoung Ji

発行	2018年7月27日　初版1刷
定価	5200円＋税
著者	ⓒ 池玟京
発行者	松本功
ブックデザイン	白井敬尚形成事務所
印刷・製本所	亜細亜印刷株式会社
発行所	株式会社 ひつじ書房

〒112-0011　東京都文京区千石2-1-2 大和ビル2階
Tel: 03-5319-4916　Fax: 03-5319-4917
郵便振替 00120-8-142852
toiawase@hituzi.co.jp　http://www.hituzi.co.jp/

ISBN978-4-89476-934-2

造本には充分注意しておりますが、落丁・乱丁などがございましたら、小社かお買上げ書店にておとりかえいたします。
ご意見、ご感想など、小社までお寄せ下されば幸いです。